두뇌 트레이닝 가로세로 낱말퍼즐

초판 1쇄 발행 2025년 3월 14일

저　　자 momo books 콘텐츠 연구소
감 수 자 김미라
편　　집 모모 편집 기획팀
디 자 인 한은경
발 행 처 도서출판 모모

출판등록 제2018-000055호
주　　소 서울시 노원구 상계로 17길 22, 101호
전　　화 02)304-9510
팩　　스 02)304-9511
이 메 일 supiabook@naver.com

ISBN 979-11-977769-7-7 (13690)

퍼즐북

두뇌 트레이닝
가로세로
낱말퍼즐
Puzzle

잠자는 뇌를 깨우는 방법과 효과

1 낱말 퍼즐, 수학 문제, 논리 문제 풀기 ➡ 논리적 사고력과 집중력 향상

2 가로세로 낱말 퍼즐을 풀면서 두 손 움직이기 ➡ 뇌 운동량 30% 상승 효과

3 다양한 분야의 책을 읽고 새로운 분야의 지식 습득하기 ➡ 학습 능력 향상

4 음악 또는 외국어 배우기를 통해 뇌의 여러 기능 활성화하기 ➡ 기억력과 창의력 향상

5 신체 활동 및 규칙적인 운동하기 ➡ 뇌 혈액 순환 개선, 뇌세포 증식으로 인지 기능 향상

6 글쓰기 같은 창의적인 활동하기 ➡ 기억력 강화와 표현력 향상

7 새로운 사람들과 사회적 활동하기 ➡ 새로운 경험을 제공하고 폭넓은 사회성 향상

8 충분한 수면과 건강한 식습관 유지하기 ➡ 뇌세포 재생과 회복에 필수적이며 뇌 운동 향상

Contents

vol 1 ~ 40 문제 ································ 8

vol 1 ~ 40 정답 ································ 90

초성 퀴즈 문제/보너스 ················ 102

초성 퀴즈 정답 ··························· 114

고사성어 부록 ··························· 120

퍼즐북

두뇌 트레이닝
가로세로
낱말퍼즐
Puzzle

문제

가로 낱말퍼즐

1) '반은 믿고 반은 의심한다'는 뜻으로, 확실히 믿지 못하는 상태를 이르는 말

5) 말이나 행동으로 더럽혀 욕되게 함
   예 인격 ○○을 당했다

7) 본루를 지키며 투수가 던지는 공을 받는 선수

8) 이자를 원금에 겹쳐서 계산하는 법

9) 전염병에 대해 인공적으로 면역을 주기 위해 생체에 투여하는 항원의 하나
   예 코로나19 ○○주사

10) 해동종을 제창해 불교의 대중화에 힘썼으며, 불교 사상의 실천에 노력한 신라의 승려를 높여 이르는 말

13) 벗어날 수 없는 곤경이나 계략을 비유하는 말
   예 그는 ○○에 빠지고 말았다

14) 깊은 생각 없이 혈기만 믿고 날뛰는 행동

17) 구덩이를 파고 잡초, 낙엽 등을 넣어 썩힌 거름
   비 퇴비

18) '고무래를 보고도 정 자를 모른다'는 뜻으로, 글자를 잘 모르는 사람을 이르는 말

20) 액운을 없애고 행운이 오도록 신에게 음식을 차려 놓고 비는 제사

22) 어떤 일이 잘 진행되어 마음을 놓음
   예 ○○의 한숨을 쉬었다

24) 한번 들어가면 방향을 알 수 없어 헤매게 되는 길
   예 골목길이 ○○처럼 복잡했다

26) 무덤을 꾸미기 위해 무덤 앞 양옆에 하나씩 세우는 돌기둥 비 망두석

27) 백제의 서동이 신라의 선화 공주를 얻기 위해 경주의 아이들에게 부르게 한 향가

세로 낱말퍼즐

1) 짝이 되는 사람 비 동반자
   예 내 인생의 ○○○를 찾았다

2) '까마귀 새끼가 자라서 늙은 어미에게 먹이를 물어다 주는 효'라는 뜻으로, 자식이 자란 후에 어버이에게 은혜 갚는 효를 이르는 말

3) 손이 없는 사람을 위해 인공으로 만들어 붙이는 손

4) 조선 제1대 왕인 이성계가 도읍을 개성에서 한양으로 옮긴 뒤 세운 궁궐

6) 1896년 독립 협회의 서재필과 윤치호가 만든 우리나라 최초의 민간 신문

10) 먼 곳으로 싸우러 나감 예 십자군 ○○

11) 모든 일은 반드시 바른 대로 돌아감

12) 24절기 중 하나로 일 년 중 밤이 가장 길고 낮이 가장 짧은 날

13) 남의 이름을 높여 이르는 말 비 존함

15) '용의 머리와 뱀의 꼬리'라는 뜻으로, 처음은 좋지만 끝이 부진함을 이르는 말

16) 불안하거나 걱정스러워서 가만히 앉아 있지 못하고 안절부절못하는 모양

19) 먹은 음식물이 지나는 길

21) 어이없고 허무함

1		2	3		4		5	6
		7			8			
							9	
	10			11		12		
13				14			15	
		16					17	
	18		19			20		
21		22			23		24	25
26				27				

(예) 젊은 나이에 ○○하게 죽고 말았다

23) 아주 조금 움직임 (예) 그는 ○○도 없이 서 있었다

25) 기업이나 기관 등 어떤 조직의 상표나 브랜드를
표기할 때 적용하는 시각 디자인

정답 90쪽

가로 낱말퍼즐

1) 가냘프고 고운 손
4) 자기가 한 일에 대해 부족하다고 생각하는 것
5) 소란이나 분란, 혼란 등이 그치고 잠잠해짐
   예 세차게 내리던 비가 잠시 ○○상태가 되었다
6) 유교에서 말하는 다섯 가지 기본적 실천 덕목
   예 삼강○○
7) 『심청전』에 나오는 깊은 물로, 사람을 제물로
   바쳐야 배가 무사히 지나갈 수 있음
9) 사람이나 동물의 입 언저리에 난 뻣뻣한 털
10) 생활에 필요한 물건이나 서비스를 구입하기 위해
    돈을 쓰는 것
11) '같은 병이 있는 사람끼리 서로를 가엾게 여긴다'
    는 뜻으로, 어려운 처지에 놓이거나 비슷한 고통
    을 겪는 사람끼리 가엾게 여기는 마음을 이르는
    말

12) 몰래 남의 사정을 살피고 조사함
    예 적의 동태를 ○○하다
13) 문이나 어떠한 공간을 열어 놓음 반 폐쇄
15) 24절기 중 하나로, 눈이 가장 많이 내린다는
    뜻에서 붙여진 이름
16) 상품의 품질이나 상태를 알아볼 수 있도록 보이는
    물건 비 샘플
17) 텅 비고 아득히 넓은 들판
18) 상하거나 잃어버림. 또는 그 손해 반 이득
19) 인류의 문화
20) 앞일에 대해 쓸데없이 지나치게 근심함
21) 조선 시대 혜경궁 홍씨가 남편인 사도 세자의
    죽음에 대해 쓴 자전적 회고록
22) 병을 악마에 비유해 이르는 말
    예 그는 ○○에 시달려 수척해졌다

세로 낱말퍼즐

2) 전라북도 진안군에서 시작해 경상남도 하동을
   지나 남해로 흘러 들어가며 남한에서 네 번째로
   큰 강
3) 하천, 해역 등에 폐수, 분뇨 따위의 폐물질이 유입
   되어 생기는 현상
4) 천체가 고정된 축을 중심으로 스스로 도는 운동
5) 되살아나서 살아감 비 회생
7) 사람이면 누구나 가지는 자연스러운 감정이나
   생각
8) 걱정하고 시름하는 마음
   예 얼굴에 ○○이 가득하다

9) 어떤 재해나 침입에 대비해 지키는 것
   반 공격
10) 작은 것을 욕심내다가 오히려 더 큰 손해를 봄
11) 13세기 이탈리아 여행가 마르코 폴로가 동방의
    여러 나라를 다니며 남긴 기록을 담은 책
14) 시력이 미치는 범위 예 앞 건물이 ○○를 가리다
17) 소의 뇌 조직에 작은 구멍이 생기면서 흐물흐물
    해지는 병으로, 방향 감각을 잃고 난폭한 행동을
    보임
18) 항렬이나 나이가 자기보다 높은 관계 반 손아래
19) 사람의 얼굴 중 코와 윗입술 사이에 우묵하게

10

1	2		3		4			
5			6			7		8
		9						
	10			11				
12			13					14
	15			16			17	
18			19			20		
		21					22	

골이 진 부분 예 그는 ○○에 작은 점이 있다

정답 90쪽

가로 낱말퍼즐

1) 두부를 만들 때 콩물을 짜고 남은 찌꺼기

3) 일제 강점기 봉오동 전투와 청산리 전투에서 활약한 독립운동가

5) 새로운 세상 또는 새로운 활동 무대
   예 고속 열차로 인해 ○○○가 열렸다

7) 어떤 행동이나 절차에 관해 지켜야 할 사항을 정한 규칙 예 안전 ○○

8) 부부간의 사랑 예 앞집 부부는 ○○이 매우 좋다

10) 조선 후기 동학의 창시자인 최제우가 지은 동학의 경전

13) 어떤 상품에 곁들여 거저 주는 상품
    예 손님들에게 ○○을 나누어 줬다

14) 일정한 시간이 되면 스스로 울려 시간을 알려 주는 시계

17) 둘 또는 그 이상의 사람이 함께 먹도록 차린 상

18) 20세기 초 피카소와 브라크의 작품에서 시작된 미술 운동으로, 근대 회화의 출발점이 됨. 큐비즘이라고도 함

20) '인간 세계를 떠나 다른 세계로 간다'는 뜻으로, 귀인의 죽음을 이르는 말
    예 그 작가는 작년에 ○○했다

21) 매우 큰 나무 또는 위대한 인물을 비유하는 말
    비 위인

22) 춥거나 징그러울 때 피부에 좁쌀 같은 것이 돋는 현상

23) 교통사고 위험을 막기 위해 유치원, 초등학교 주변에 지정하는 어린이 보호 구역

24) 남편과 아내
    예 기념식에 장관 ○○가 함께 참석했다

25) '나이'의 높임말 비 춘추

세로 낱말퍼즐

1) 예가 아니면 행동하지 않음

2) 국가의 경비를 충당하기 위해 국민에게 부과하는 세금

3) 비가 많이 내려 갑자기 크게 불은 물
   예 이번 ○○로 논과 밭이 물에 잠겼다

4) 도로 교통법을 어긴 사람에게 과하는 벌금
   예 주차 위반으로 ○○○을 냈다

5) 지질 시대 중 가장 최근의 시대로, 약 6,500만 년 전부터 현재까지를 의미함

6) 삼국 시대 황산벌 전투에서 신라의 김유신과 맞서 싸운 백제의 장군

9) 한 임금이 재위한 동안에 벌어진 사실을 있는 그대로 적은 기록 예 조선왕조○○

11) 존경심을 나타내기 위해 사용하는 말
    비 높임말 반 낮춤말

12) 인터넷이나 컴퓨터 통신을 이용해 상품을 사고파는 일

13) '주의나 충고'를 비유하는 말
    예 그 사건은 우리 사회에 ○○을 울렸다

15) 기한 안에 이행해야 할 채무나 납세를 지체하는 것 예 이번 달 가스비가 ○○되었다

16) 웹상에서 아바타를 이용해 현실 세계처럼 사회·

1			2			3	4	
		5		6		7		
							8	9
10	11		12		13			
			14				15	
16		17				18		19
20			21					
					22			
23			24			25		

경제·문화적 활동을 하는 3차원 가상 세계

18) 말로 애를 쓰는 것

　　예 두 나라 정상은 몇 달째 ○○○만 하고 있다

19) '대를 쪼개는 기세'라는 뜻으로, 거칠 것 없이
　　맹렬히 적을 치는 기세를 이르는 말

22) 어떤 무리에서 싫어해서 따돌리거나 멀리함

　　예 ○○된 이웃

정답 90쪽

가로 낱말퍼즐

1) 텅 빈 하늘 예 그는 가끔 ○○을 바라본다
4) 나무껍질, 동물 가죽, 통나무 등으로 만들며 노로 젓는 작은 배
7) '나무에서 고기를 구한다'는 뜻으로, 목적과 수단이 맞지 않아 불가능한 일을 굳이 하는 것을 이르는 말
10) 방송, 연극 등에서 공연을 앞두고 실제처럼 하는 연습
12) 두 수나 두 식이 서로 같지 않음을 나타내는 기호
14) 『손자』에 나오는 말로, 싸움이나 경쟁에서 이기려면 상대와 나의 상황을 모두 알아야 함
16) 24절기 중 하나로, 봄이 시작됨을 알리는 시기
17) 자세히 알려지지 않음 예 작자 ○○의 작품
19) 사람으로서 마땅히 지켜야 할 도리
   예 ○○에 살고 ○○에 죽는다

20) 동양화에서 매화, 난초, 국화, 대나무를 고결한 군자의 상징으로 보고 그린 그림
21) 한 가지 일을 해서 두 가지 이익을 얻음
   비 일석이조
23) 다른 나라에 병사를 파견함
24) 몹시 괴로움
   예 이 사건에 대해 오랫동안 ○○했다
25) 병을 잘 고치는 이름난 의사 비 양의
26) 흔들어도 움직이지 않음
   예 그는 한번 고집을 부리면 ○○○○이다
27) 몹시 차고 매서운 바람
   예 ○○○에 손끝이 시리다
28) 신체에 직접 고통을 주는 벌
   예 요즘은 학생을 ○○하지 않는다

세로 낱말퍼즐

2) 음악, 연극, 방송 등을 많은 사람 앞에서 선보이는 일
3) 호적상 집의 수효와 식구의 수
   예 선거 기간에 맞춰 ○○ 조사를 시작했다
5) 우리나라의 독자 기술로 개발한 3단 액체 로켓으로, '우주까지 새 세상을 개척한다'는 의미를 담고 있음
6) 어떤 사물을 통일적으로 설명하기 위해 설정된 가정 예 ○○을 검증하다
8) 목표로 삼거나 지목하는 곳
   예 밤길을 헤매다 ○○○에 도착했다

9) 둘이 다투는 동안 관계없는 사람이 이익을 가로챔
11) 주로 해저에서 일어나는 지진이나 화산 폭발, 단층 운동 등으로 수면에 파동이 생기는 현상
13) 우체국에서 안전한 송달을 보증하기 위해 우편물의 인수, 배달 과정을 기록하는 특수 취급
15) 범죄 혐의를 받고 있지만, 아직 공소가 제기되지 않은 사람 예 ○○○로 지목되다
16) '몸을 세우고 이름을 날린다'는 뜻으로, 사회적으로 출세함을 이르는 말
18) 남자나 여자가 마음에 둔 사람을 몹시 그리워해서 생기는 마음의 병

1	2		3		4	5		6
	7	8		9		10		
11				12	13			
		14	15				16	
17	18		19					
	20				21			22
23				24			25	
		26						
27					28			

21) '한마음 한 몸'이라는 뜻으로, 서로 굳게 결합한 모습

22) 뜻한 바를 이루어 우쭐거리며 매우 뽐내는 모습

23) 프랑스의 사상가이자 철학자로, 『팡세』를 집필함

24) 시어머니와 며느리
예 요새는 ○○ 갈등이 많이 줄어들었다

26) 아기를 태우고 흔들어 놀게 하거나 잠재우는 물건

정답 90쪽

가로 낱말퍼즐

1) '자기 논에 물 대기'라는 뜻으로, 자신의 이익과 욕심만 채우기 위해 이기적으로 행동함을 이르는 말

3) '각기 다른 입에서 같은 소리를 낸다'는 뜻으로, 여러 사람의 말이 한결같음을 이르는 말

6) 공기 중의 수증기가 기온이 내려가거나 찬 물체에 의해 생기는 물방울

7) 옛날과 지금
   예 동서 ○○에 유례가 없는 사건이 벌어졌다

8) '쪽에서 뽑아낸 푸른 물감이 쪽보다 푸르다'는 뜻으로, 스승보다 뛰어난 제자를 비유적으로 이르는 말

9) '용문에 오른다'는 뜻으로, 어려운 관문을 통과해 크게 출세하는 것을 이르는 말

10) 손가락에 치장하려고 끼는 두 짝의 고리

12) 지난 일을 돌이켜 생각함

예 학창 시절을 ○○하다

14) 어떤 일을 해낼 만한 능력과 학식을 갖춘 사람

15) 어떤 주장을 위해 투쟁하거나 활동하는 사람
    예 그는 민주화 운동의 ○○였다

17) 물건을 낱개로 팔지 않고 모아서 대량으로 파는 것 반 소매

19) 일제 강점기에 일본을 지지하고 따른 무리

22) 소, 돼지 등의 동물에 감염되는 질병으로, 전염성이 강하며 입술, 혀 등에 물집이 생김

24) 대대로 물려받은 집안의 생업
    예 형이 ○○을 이어받았다

26) '뱀을 다 그리고 발을 덧붙여 그린다'는 뜻으로, 하지 않아도 될 일을 덧붙여 하다가 도리어 일을 그르침을 이르는 말

27) 형벌을 받을 범법 행위를 했으나 형사 책임이 없는 10세 이상 14세 미만의 소년

세로 낱말퍼즐

1) 자기중심의 생각에 빠져 다른 사람의 입장을 고려하지 않고 자기만을 내세우는 것

2) 대통령이 행정부의 고위 공직자를 임명할 때, 국회의 검증 절차를 거치게 하는 제도적 장치

3) 7세기 초 예언자 마호메트가 창시했으며, 알라를 유일신으로 믿는 종교

4) 괴로움도 즐거움도 함께함
   예 나와 친구는 오랫동안 ○○○○한 사이다

5) 정성을 모아 내는 돈 예 불우 이웃 돕기 ○○

6) 제주도 서남쪽에 있는 수중 암초이며, 2003년 종합 해양 과학 기지가 설치됨

9) '등불을 가까이 할 수 있다'는 뜻으로, 서늘한 가을에는 등잔불 아래서 글 읽기에 좋음을 이르는 말

10) 집안 살림살이에 사용하는 갖가지 물건 비 세간

11) 손가락의 지문으로 도장 대신 찍는 것

13) 머리카락을 모두 올려 빗은 뒤 정수리 위에서 틀어 감아 맨 머리 모양

16) 죽음에 이른 상태 또는 죽게 된 지경
    예 그는 ○○을 헤매다 정신을 차렸다

18) 여동생의 남편

20) 한집안의 가족 또는 온 가족

1		2				3		4	5
					6			7	
		8							
9							10		11
		12	13		14				
			15	16			17	18	
19	20	21					22		23
	24				25				
26				27					

⊙ 오랜만에 ○○○이 모여 저녁을 먹었다

21) 노동 조건의 개선을 위해 노동자들이 집단적으로
작업을 중지하는 것

23) 반역을 꾀함

⊙ 반기를 든 신하들이 ○○를 꾸몄다

25) 국민의 기본권을 보장하고 국가 기관의 조직과
작용의 원리를 정해 놓은 최고의 법

정답 91쪽

가로 낱말퍼즐

1) 사계절 중 세 번째 계절 **(비)** 금추

5) 여러 방면에 재주가 많고 뛰어난 사람
   (예) 그 여자는 ○○○○이라서 인기가 많다

6) 소리를 내서 음악을 연주하는 데 쓰는 기구

7) 유튜브, 페이스북 등의 SNS에서 수십만 명의
   구독자를 보유해 사회적 영향력이 큰 사람

8) 두 도형이 합동일 때 서로 대응해 겹쳐지는
   선분으로 길이가 같음

9) 법령, 명령, 약속 등을 어기거나 지키지 않는 것
   (비) 위배

10) '공을 피한다'는 뜻으로, 일정한 구역 안에서
    두 편이 공 하나로 상대편을 맞히는 놀이

12) 경계하며 정신을 가다듬는 마음
    (예) 그 사건은 우리에게 ○○○을 불러일으켰다

14) 지저분하거나 불순한 것을 깨끗하게 함
    (예) 공기○○

16) 어리석고 둔함 **(반)** 총명

17) 흉년으로 먹을 양식이 모자라 배를 곯는 것
    (비) 기아

18) 나라의 경사를 기념하기 위해 법률로 정한 날

19) '어둠 속에서 더듬어 찾는다'는 뜻으로,
    어림짐작해서 무엇을 알아내려는 상황을
    이르는 말

22) 물건을 잡아 놓고 돈을 꿔 주어 이익을 취하는 곳

세로 낱말퍼즐

1) 책이나 물건 등을 넣어서 들거나 메고 다니는
   도구

2) 일본 공사가 주동해 경복궁을 습격하고
   명성 황후를 시해한 사건

3) 대기 속에서 빛의 굴절 현상으로 인해 공중이나
   땅 위에 무엇인가가 있는 것처럼 보이는 현상

4) '동쪽으로 뛰고 서쪽으로 뛴다'는 뜻으로,
   사방팔방 바쁘게 돌아다니는 모습을 이르는 말
   (비) 분주

5) 고려 때 부처의 힘으로 외적을 물리치기 위해
   만든 대장경으로, 합천 해인사에 보관하고 있음

6) 인터넷 게시판에 올려진 내용에 대해 악의적인
   평가를 하며 쓴 댓글 **(예)** 그는 ○○에 시달렸다

7) 조선 시대 서인이 광해군과 집권 세력을
   몰아내고 인조를 즉위시킨 사건

11) '아홉 마리 소 가운데 털 하나'라는 뜻으로,
    수많은 것 중 극히 적은 수를 이르는 말
    (비) 극소수

13) 어떠한 계기로 이제까지 가졌던 마음가짐에서
    벗어나 완전히 달라짐
    (예) 그는 시험에서 떨어진 것을 ○○○○의
    기회로 삼았다

	1	2			3		4
5			6				
		7					
8							
	9			10	11		
12	13		14	15		16	
	17						
18				19	20		21
	22						

15) 땅속 깊은 곳에 있는 마그마가 서서히 식으면서
굳어진 암석으로, 흰색이나 엷은 회색을 띰.
단단해서 건축이나 비석 재료로 많이 쓰임

18) 국가가 필요에 따라 신용으로 설정하는 금전상의
채무 또는 채권 예 ○○ 보상 운동

20) 지구가 물체를 끌어당기는 힘

21) 물체에 색깔이 나타나도록 만들어 주는 물질
예 식용 ○○

정답 91쪽

vol 7

가로 낱말퍼즐

1) '연기 나는 총'이라는 뜻으로, 범죄나 사건 등을 해결할 때 결정적으로 작용하는 증거

3) 남의 비위를 맞추거나 이로운 조건을 내세워 속이는 말 예 온갖 ○○○○로 사람들을 현혹했다

6) 전통 혼례식에서 신부 이마에 찍는 붉은 점 예 연지 ○○

8) '열 사람이 한 숟가락씩 모으면 한 사람 양이 된다'는 뜻으로, 여럿이 힘을 합쳐 한 명을 돕는 것을 이르는 말

10) 공연히 조그마한 흠을 들춰 불평함

13) 누가 있는 줄 알 만한 소리나 기색 예 ○○도 없이 들어와서 놀랐다

15) 남편과 항렬이 같은 사람 중 남편보다 나이가 많은 사람 비 시아주버니

17) 해마다 인류 문명의 발달에 공헌한 사람이나 단체에게 주는 상

18) 마주 보고 앉아서 장기나 바둑을 두는 것 예 이창호의 ○○을 시청했다

19) '아침에 세 개, 저녁에 네 개'라는 뜻으로, 영악하게 남을 속여 놀릴 때 쓰는 말

22) 신맛, 쓴맛, 매운맛, 단맛, 짠맛

24) 일정한 기준 치수에 따라 미리 만들어 놓고 파는 옷

26) 하늘을 찌를 듯이 높이 솟은 건물 비 초고층 건물

30) 책이나 논문의 첫머리에 목적과 내용 등 관계된 사항을 간단히 적은 글 비 서문

31) 한옥에서 기둥과 기둥 사이에 건너지른 보로, 중요한 사람을 비유하는 말로 쓰기도 함 예 그는 한국 축구의 ○○○다

세로 낱말퍼즐

1) 일본 요리의 하나로, 식초로 간을 한 밥에 날생선이나 어패류 등을 조합한 음식

2) 운명과 흥망을 걸고 전력을 다해 한판 승부를 겨루는 것

4) 부정어 'un'과 '접촉'의 합성어로, 사람과 사람이 직접 접촉하지 않는 비대면 접촉

5) 눈이 내리거나 쌓인 경치 예 겨울에 한라산으로 ○○을 보러 갔다

7) 땅의 표면 예 홍수로 ○○이 내려앉았다

9) '시기가 아직 이르다'는 뜻으로, 적당한 때나 기회가 아직 오지 않음을 이르는 말

11) 일정한 거주지가 없이 이동하면서 생활하는 소수 유랑 민족

12) 국제단위계에서 10억분의 1을 나타내는 분수로, 기호는 n임

14) 고려 시대의 정치가 김부식이 삼국에 대해 기록한 역사책

16) 독재 국가 등에서 반대되는 세력을 처단하거나 제거하는 일 예 그는 ○○○으로 정권을 잡았다

18) 그리스도 교회에서 신앙의 증인으로 세우는 여자 후견인

20) 아기를 점지하고 산모와 산아를 돌보는 신

1				2			3	4			5
				6		7					
	8	9						10	11		
12		13				14			15	16	
17					18						
		19	20						21		
22	23					24	25				
26		27		28						29	
		30					31				

예 ○○할머니가 도와주셨다

21) 이전의 상태로 다시 돌아옴

　　예 운동으로 건강을 ○○하다

22) 영화에서 존경심을 나타내기 위해 다른 작품의
　　주요 장면이나 대사를 인용하는 것

23) 신분이나 사회적 지위가 보잘것없음 반 고귀

25) 예배나 미사 때 성가를 부르기 위해 조직한
　　합창대 예 나는 ○○○ 출신이다

27) 여러 사람 입에 오르내리면서 근거 없이 떠돌아

다니는 헛소문

28) 꽃의 특징에 따라 상징적 의미를 부여한 말

　　예 장미의 ○○은 사랑이다

29) 행위의 결과로 받는 것을 가리키는 불교 용어

　　비 과보

정답 91쪽

가로 낱말퍼즐

1) '사람이 산을 이루고 바다를 이루었다'는 뜻으로, 사람이 매우 많이 모인 상태를 이르는 말
   예 그곳은 관광객들로 ○○○○를 이루었다

3) 일을 하기 어려운 상황이나 국면
   예 총체적 ○○을 헤쳐 나가다

5) 『춘추좌씨전』에서 유래한 말로, 선함을 권하고 악함을 징계함

6) 경솔하고 생각 없이 행동함 🔵 경동

8) 전쟁 상황에 대처하기 위한 기술
   예 교묘한 ○○로 승리를 이끌었다

9) 약한 골격 또는 그러한 사람
   예 그는 너무 ○○이다

12) 국가와 국가가 어떠한 관계를 맺는 것
   예 한미 ○○ 100주년

14) 외국인이 현재 머무르고 있는 국가의 권력 작용, 특히 재판권에 복종하지 않을 수 있는 자격 또는 권리

16) 어려운 상황에서도 무언가를 이루기 위해 몸과 마음을 다해 애씀
   예 ○○의 노력 끝에 그림을 완성했다

18) '조그마한 쇠붙이로 살인한다'는 뜻으로, 간단한 말로 상대편의 급소를 찌르거나 감동시킴을 이르는 말

19) 필요한 시기에 알맞게 오는 비
   예 기나긴 가뭄 끝에 ○○가 내렸다

20) 일의 자리보다 작은 자리 값을 가진 수
   예 0.1, 0.2 같은 수를 ○○라고 한다

22) 조상의 산소를 찾아가 살피는 일

23) 1860년 최제우가 '사람은 곧 하늘'이라는 인간 평등 사상을 바탕으로 창시한 민족 종교
   🔴 서학

세로 낱말퍼즐

1) 사람의 힘으로 끄는 수레

2) 서울 종로구에 있으며 골동품, 화랑, 전통찻집 등이 많아 외국인이 많이 찾는 명소

3) 1842년 8월 아편 전쟁 이후 영국과 청나라가 맺은 불평등 조약

4) 예로부터 전해 오는 우리나라 고유 음악
   🔵 한국 음악

5) 목적 달성을 위해 수단과 방법을 가리지 않는 술책

6) 어떤 직위에 있는 사람을 다른 사람으로 바꿈
   🔵 교체

7) 이치나 사리에 맞지 않는 말 🔵 망설

10) 바느질할 때 손끝이 찔리는 것을 막기 위해 손가락에 끼우는 도구

11) 외국을 여행하는 국민의 신분과 국적을 증명하기 위해 정부가 발급하는 증명 서류

13) '쇠뿔을 잡으려다가 소를 죽인다'는 뜻으로, 잘못을 고치려다가 정도가 지나쳐 오히려 일을 그르치는 것을 이르는 말

15) 음식을 집에서 해 먹지 않고 밖에서 사 먹는 데 드는 비용
   예 이번 달은 ○○○가 늘었다

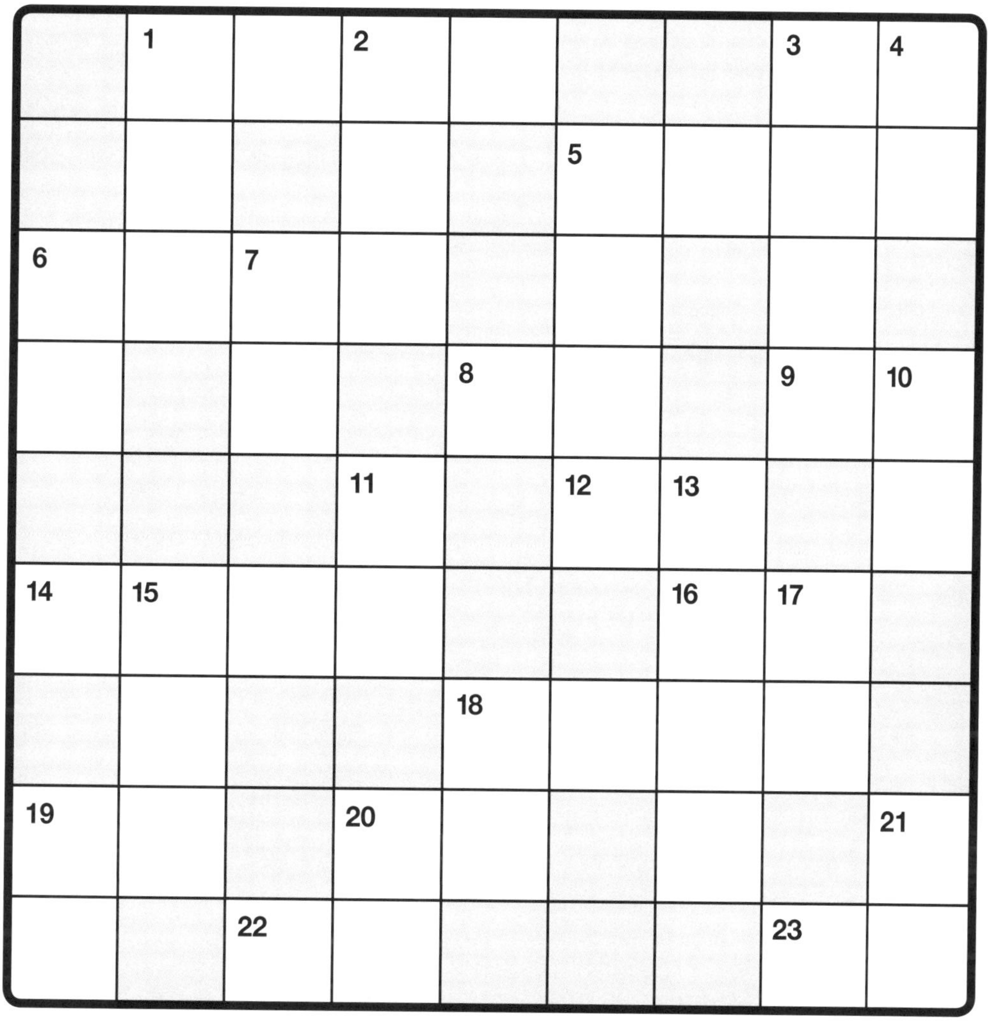
1
2
3
4
5
6
7
8
9
10
11
12
13
14
15
16
17
18
19
20
21
22
23

17) 옛날 사람 비 석인

18) 친족 간의 멀고 가까운 관계

예 그와 나는 ○○가 가깝다

19) 머리나 옷차림 등을 매만져 예쁘게 꾸미는 것

예 곱게 ○○하고 외출했다

20) 선을 사용해 형태와 명암 위주로 이미지를 그리는 기술 비 데생

21) 일정 기간 동안 외국에 머물며 공부하는 것

정답 91쪽

가로 낱말퍼즐

2) '말을 타고 달리며 산천을 본다'는 뜻으로, 자세히 살피지 않고 대충대충 보고 지나감을 이르는 말

6) 물건의 수량이나 품질 등을 검사한 뒤 물건을 받음 예 수입품은 ○○ 절차가 까다롭다

7) 중국 삼국 시대 때 유비가 제갈량을 세 번이나 찾아간 데서 유래한 말로, 인재를 맞이하는 데 정성을 다함

9) 용감하고 겁이 없는 기운

11) 한집안에서 대를 이어 전해 오는 보배로운 물건 예 이 백자는 우리 집 ○○다

12) '강을 등지고 진을 치다'라는 뜻으로, 어떤 일에 목숨을 걸 정도로 절박한 상황

14) 은혜로운 스승 예 오랜만에 대학교 ○○를 찾아뵈었다

17) 거래할 당시의 물건값 예 요즘 금 ○○가 최고다

19) 자나 깨나 마음이 끌려 잊지 못함

20) 인생에서 가장 찬란하고 좋은 시기 비 전성기

22) 남이 잘되기를 바라는 마음으로 새해 첫날에 하는 말 반 악담

24) 어질고 거룩한 임금 비 성왕

25) 가운뎃손가락과 새끼손가락 사이에 있는 손가락 비 약손가락

27) 모든 것에 두루 미치거나 통함 비 일반 반 특수

29) 부모, 자식, 형제처럼 한 혈통으로 맺어진 관계 예 나와 엄마는 유일한 ○○이다

30) 매우 즐거운 표정으로 크게 웃는 모습

세로 낱말퍼즐

1) 1993년 당시 일본 관방장관이 일본군 위안부에 대한 강제성을 인정한 담화

2) 죽은 사람의 몸 예 싸늘한 ○○으로 발견되다

3) 흉악하고 위험한 손길

4) 깊은 산속에 저절로 나서 자란 삼

5) '풀을 엮어서 은혜를 갚는다'는 뜻으로, 죽은 뒤에라도 은혜를 잊지 않고 갚음을 이르는 말

8) 높은 가격

10) 일한 대가로 주는 돈이나 물품 예 직급에 따라 ○○도 다르다

12) 남에게 입은 은혜를 저버리고 배신함

13) 중국 최초의 중앙 집권적 통일 제국인 진나라를 건설한 전제 군주

15) 불교에서 진실한 수행의 결과로 생겨난다고 하는 구슬 모양의 유골 예 이 탑에는 ○○가 모셔져 있다

16) 대뇌 신경 세포의 손상으로 지능, 의지, 기억 등이 상실되는 증세

18) 국가나 지방 공공 단체가 국민 생활의 발전을 위해 국민이나 주민에게 징수하는 돈

19) '오 리나 되는 짙은 안개 속에 있다'는 뜻으로,

1		2	3		4		5	
		6			7	8		
9				10		11		
			12		13		14	15
	16				17	18		
19					20		21	
			22	23			24	
25		26		27	28			
		29			30			

어떻게 판단해야 할지 갈피를 잡지 못하는 것을 이르는 말

21) 현재 사회를 이끌어 가는 나이 든 세대
(반) 신세대

23) 채무를 일정 기한 안에 확실히 갚도록 보장하는 법적 수단 (예) 귀중품을 ○○로 돈을 빌리다

26) 나오는 피를 멎게 함 (반) 출혈

28) 생각 따위가 한편으로 치우쳐 공정하지 못함

(예) ○○ 판정에 불복하다

정답 92쪽

가로 낱말퍼즐

1) 물과 물고기의 관계같이 친밀한 사이

4) 반이 넘는 수
   예) 그는 ○○○로 선거에 당선되었다

6) 어떠한 사건이나 소식을 그릇되게 전함

7) '말 속에 뼈가 있다'는 뜻으로, 예사로운 말 같지만 그 속에 명확한 핵심이 들어 있음을 이르는 말

9) 분수에 넘치고 실속 없는 필요 이상의 겉치레

10) 결혼이 성사되도록 중간에서 소개하거나 도와줌
    예) 우리 부부는 ○○로 만났다

11) 재판에서 사실 관계의 여부에 대한 법관의 주관적인 확신의 정도

13) 생명에 지장을 주는 몸의 중요한 부분
    예) ○○를 찌르다

15) '보리가 무성하게 자란 것을 탄식한다'는 뜻으로, 나라가 무너져 가는 것을 깊게 슬퍼함을 이르는 말

18) 조선 시대 정철이 지은 가사로, 임금에 대한 충정을 여인이 지아비를 사모하는 마음에 비유함

20) '작은 것에도 능하고 큰 것에도 능하다'는 뜻으로, 모든 일에 능숙함을 이르는 말

21) 글을 읽지 못하는 것 비) 까막눈

23) 한 국가가 다른 나라의 간섭을 받거나 다른 나라에 의존하지 않고 자주권을 행사하는 일

24) 어떤 단체나 조직에 새로 들어오거나 참가하는 사람 반) 고참

세로 낱말퍼즐

1) 자신의 옳지 못함을 부끄러워하고, 남의 옳지 못함을 미워하는 마음

2) 왕실의 권위를 상징하는 임금의 도장 비) 국새

3) 남에게 아첨하려고 듣기 좋게 꾸미는 말과 얼굴빛

4) 『논어』에 나오는 말로, '정도를 지나침은 미치지 못함과 같다'는 뜻

5) '뼈가 거꾸로 솟아 있다'는 뜻으로, 권력에 타협하지 않고 저항하는 기골을 이르는 말

8) '없는 것을 판다'는 뜻으로, 주식이나 채권이 없는 상태에서 매도 주문을 내는 것

12) 물을 가열했을 때 발생하는 수증기를 냉각시켜 정제한 물

14) 어떤 분야에서 기예가 뛰어나 유명한 사람
    예) 그 사람은 ○○으로 소문이 자자하다

15) 심장에서 나오는 피가 심장 박동으로 인해 동맥의 벽에 닿아서 나타내는 주기적인 파동
    예) ○○이 느리다

16) 지적 작업에서 성취도에 따라 정해지는 적응 능력으로, 지수 등으로 수치화할 수 있음

17) 이산화탄소를 배출하는 만큼 그에 상응하는 대책을 세워 이산화탄소의 실질적 배출량을 '0'으로 만드는 일

1	2		3		4	5		
6			7					8
		9					10	
11	12				13			
							14	
15		16	17		18			19
		20						
					21	22		
23						24		

18) 조선 시대 도성의 동서남북에 세운 네 개의 큰 문

19) 곡선으로 표현되는 아름다움

   예 한국 도자기는 ○○○가 뛰어나다

22) 옳고 그름을 가리지 못하고 무턱대고 믿는 것

   비 광신

정답 92쪽

가로 낱말퍼즐

1) '여우가 호랑이의 위세를 빌린다'는 뜻으로, 남의
   권세를 빌려 허세를 부리는 것을 이르는 말

4) 바이러스에 의해서 전염되는 질환으로, 걸리면
   얼굴이 발갛게 되어 이러한 이름이 붙음

7) 고려 시대와 조선 시대에 풍속을 바로잡고,
   벼슬아치에 대한 조사와 탄핵 등을 맡아 하던
   관청

9) 통신선이나 전선을 매달기 위해 세운 기둥
   비 전봇대

10) 짐을 얹어 사람이 지고 다니게 만든 기구로,
    주로 소나무로 만듦

11) 시대를 초월해 높이 평가되며, 후세 사람들에게
    끊임없는 영향력을 주는 문학 예술 작품
    예 ○○100선

13) 수증기가 지표면 근처에서 응결해 공기 중에 작은
    물방울 상태로 떠 있는 현상

15) '입에는 꿀이 있고 배 속에는 칼을 품다'라는
    뜻으로, 겉으로는 친한 척하지만 돌아서면
    음해하는 것을 이르는 말

18) 무덤 속 벽면이나 천장에 그린 벽화

20) 스승과 제자 예 ○○지간

22) 일터에서 일을 하는 것과 일을 마치고 돌아가는
    것을 아울러 이르는 말

25) 의도적으로 자녀를 두지 않고 경제적으로
    여유로운 삶을 추구하는 맞벌이 부부

27) 효과가 뛰어나고 신통한 약 예 사랑의 ○○

28) 한 해의 마지막과 새해의 시작을 함께 이르는 말

30) 돌이킬 수 없는 부끄럽고 불명예스러운 평판
    예 그는 거짓말쟁이로 ○○이 찍혔다

31) '비단 위에 꽃을 더한다'는 뜻으로, 좋은 것
    위에 좋은 것을 더함을 이르는 말

세로 낱말퍼즐

1) 세상에 꺼릴 것이 없는 크고 올바른 기운

2) 매우 호화스럽고 사치스럽게 지내는 상태
   예 ○○를 부리다

3) 법률이나 명령, 규칙 등이 헌법에 위배됨
   반 합헌

5) 형세를 뒤집음 예 후반전에서 ○○승을 거뒀다

6) '배에 새겨 놓고 검을 찾는다'는 뜻으로, 미련하고
   어리석어 융통성이 모자란 것을 이르는 말

8) 사람의 죽음을 알리는 글 비 흉보

12) 전등에 끼우는 공 모양의 기구

13) '분수에 편안하고 만족할 줄 안다'는 뜻으로,

자기 형편에 불만을 가지지 않고 사는 것을
이르는 말

14) 새로운 시대가 열렸다는 것을 비유하는 말

16) 몰래 심부름을 보내는 사람 예 ○○를 파견하다

17) 본래 것과 똑같이 겹쳐 만듦 예 ○○ 인간

19) 재앙의 근원 비 화단 예 ○○을 없애다

21) 디저트로 많이 먹는 부드러운 식감의 서양식
    생과자. 주재료는 달걀, 우유 등이며 천으로
    싸서 찌는 방식으로 만듦

23) 노동자의 노후 보장을 위해 사용자가 근로자의
    퇴직금을 외부 금융 기관에 적립하고 퇴직 시

1		2	3		4	5		6
		7		8		9		
10				11	12			
		13	14		15	16	17	
	18			19		20		
21				22	23			24
25	26						27	
			28			29		
30					31			

지급하는 돈

24) 의심할 여지 없이 분명함 🔵 명명백백

26) 무거운 물건을 들어 옮기는 기계 🔵 기중기

28) 원래 시간보다 늦게 도착함

　　🔵 폭설로 비행기가 ○○했다

29) 상장이나 상금 등을 줌

정답 92쪽

가로 낱말퍼즐

1) '수레바퀴가 계속 돌며 옆으로 뒤척인다'는
   뜻으로, 근심이 많아 잠을 이루지 못함

4) '수레에 실으면 소가 땀을 흘리고 집에 쌓으면
   대들보까지 닿는다'는 뜻으로, 책이 매우 많은
   것을 이르는 말

6) 은으로 만들어 노리개로 차던 칼
   예 논개는 ○○○를 뽑았다

9) 문을 지키는 사람
   예 ○○○가 성문을 활짝 열었다

10) 포격이나 공습을 피하기 위해 땅속에 파 놓은
    굴이나 구덩이 비 대피호

12) 문제가 되는 안건을 심의해 판결을 내리는 일
    예 공정하게 ○○하다

13) 서투르고 미숙한 무당 속 ○○○이 사람 잡는다

15) 염치없는 사람의 얼굴 예 그는 ○○가 두껍다

16) 개인의 사생활에 대한 소문이나 험담을 흥미
    위주로 다룬 기사

18) 2002년 중국에서 발생해 세계적으로 확산된
    신종 전염병으로, 중증 급성 호흡기 증후군
    이라고도 함

19) 집 안에 장식을 겸해 무엇을 가리거나 바람을
    막기 위해 친 물건
    예 그 ○○에는 사군자 그림이 그려져 있다

20) 전해 널리 퍼트림
    예 백제는 일본에 불교를 ○○했다

22) 히말라야산맥에 있는 공화국으로, 수도는
    카트만두이며 힌두교와 불교를 믿음

24) '넓은 바다를 바라보고 감탄한다'는 뜻으로,
    다른 사람의 뛰어남을 보고 자신의 미흡함을
    부끄러워함을 이르는 말

25) '입에서 아직 젖내가 난다'는 뜻으로, 언행이
    어리고 유치함을 이르는 말

세로 낱말퍼즐

2) 밭과 논 비 논밭

3) 인의예지에서 비롯되며, 남을 가엾이 여기는 마음

4) 한계가 되는 정도
   예 대출 ○○ 내에서 돈을 빌렸다

5) 나라에 군사상의 공적을 세워 죽은 뒤 충무라는
   시호를 받은 사람을 높여 이르는 말

7) 장기를 두는 데 쓰는 판

8) 의원이 임기 중에 사직, 사망하거나 기타 이유로
   자격을 상실할 때 그 자리를 보충하기 위해 실시
   하는 임시 선거

10) 시끄러운 소리를 막음 예 ○○벽을 설치하다

11) 죽음을 앞둔 환자들이 편안하고 인간답게 임종을
    맞도록 위안을 베푸는 봉사 활동. 또는 그런 일을
    하는 사람

14) 인슐린이 부족해 생기는 병으로, 혈중 포도당
    농도가 높으며 소변에 당이 많이 섞여 나옴

15) 결혼식 때 신부가 머리에 쓰는 얇고 투명한
    장식품

17) '열 가운데 여덟이나 아홉'이라는 뜻으로, 꽤 확신
    하고 미리 추측할 수 있는 상황

1	2		3			4		5	
			6	7					
8		9					10		11
			12						
13		14						15	
					16	17		18	
		19							
20	21				22				23
24					25				

（예）그는 아침에는 ○○○○ 전화를 받지 않는다

20) 멀리 내다 보이는 경치

（예）이곳은 ○○이 참 좋다

21) 양자 관계를 끊음

（예）그 부부는 힘든 나머지 ○○까지 생각했다

23) 짙은 푸른빛 결정을 지닌 장식용 광물

정답 92쪽

가로 낱말퍼즐

1) 꼭대기의 가운데가 눌리고 챙이 둥글게 달린 모자
   예 ○○○를 쓴 신사가 들어왔다

3) 이탈리아어로 '제1의 여인'이라는 뜻이며,
   오페라에서 주역을 맡은 여자 가수

6) 말로 약속함 비 약조

7) 제1차 세계 대전 후에 나타난 말로, 자유주의를
   부정하고 폭력적인 방법에 의한 일당 독재를
   주장하는 사상

9) 언니가 여동생의 남편을 이르는 말

11) 예전에 한글을 속되게 이르던 말

13) 사람을 불에 태워 죽이는 형벌
    예 역적을 ○○에 처했다

14) 1970년 노동자는 기계가 아니라고 외치며 분신한
    봉제 노동자이자 인권 운동가

16) 사람으로서 타고난 본성
    예 그의 ○○은 순수하고 정직하다

17) 허균이 지은 우리나라 최초의 한글 소설로, 봉건
    제도를 비판하고 부패한 정치를 개혁하려는
    사상이 담김

19) 옛날 훌륭한 인물이 죽은 뒤에 그의 공덕을
    칭송해 붙인 이름

21) 사람들이 다니는 길 비 보도 반 차도

23) 벼슬이 있던 시절에 종이 모시던 주인을
    이르던 말 예 ○○ 노릇을 하다

24) 고대 이집트에서 중세 유럽에 전해진 화학
    기술로, 비금속을 귀금속으로 전환하는 것을
    목표로 함

25) 여러 색의 명주실로 짠 귀하고 화려한 견직물
    예 ○○저고리를 새로 맞춰 입었다

26) 남을 복종시키거나 지배할 수 있는 공인된 권리와
    힘

세로 낱말퍼즐

1) '거듭 말하고 또다시 말한다'는 뜻으로, 같은 말을
   반복함 예 그는 술에 취해 ○○○○했다

2) 알맞게 아껴 씀 반 낭비

3) 유리나 수정 등으로 만들며, 광선을 분산·굴절
   시킬 때 쓰는 광학 장치

4) 일시적으로 의식을 잃게 하거나 몸의 특정 부위의
   감각을 잃게 만드는 약

5) 북대서양 조약에 따라 조직된 집단 방위 기구로,
   벨기에 브뤼셀에 본부가 있음

8) 처음부터 끝까지 변함없음
   예 그는 ○○○○ 말이 없었다

10) '우레 소리에 맞춰 만물이 울린다'는 뜻으로,
    자기 생각이나 줏대 없이 남에게 동조함

12) 대문 앞에 시장이 생길 정도로 사람이 많음
    예 가게 문을 열자마자 ○○○○를 이뤘다

15) 조선 시대 화가로, 호는 단원이며 해학과 풍자가
    담긴 풍속화로 널리 알려짐

18) 온 마음과 온 힘 예 나는 ○○○○을 다해 달렸다

20) 위험으로부터 자기 몸을 보호하기 위한 기술

21) 피고용자의 노무나 노무와 관련해 지급되는 비용

22) '깊은 못'이라는 뜻으로, 도무지 빠져나오기
    힘든 구렁을 비유함 예 절망의 ○○에 빠지다

1	2			3		4		5
6								
		7	8			9	10	
11	12						13	
	14			15				
16				17			18	
	19	20		21				
22							23	
24				25			26	

23) 어떤 지역을 중심으로 상업 기능에 영향을
미치는 범위

예 고층 아파트를 중심으로 ○○이 발달했다

정답 93쪽

가로 낱말퍼즐

1) '목이 말라야 우물을 판다'는 뜻으로, 닥치지 않은 일에 무심하다가 급한 일이 생기면 비로소 서두름

5) 오래전에 나온 책 예 그 교수님은 ○○ 수집가다

7) 어느 나라의 국적도 가지지 않음
   예 그는 행정 실수 때문에 ○○○자가 될 뻔했다

8) 세상을 어지럽히고 백성의 마음을 홀려 속이는 것

10) 계절적 구분을 하기 위해 한 해를 스물넷으로 나눈 것

12) 어떤 기회나 시기가 닥침
    예 이제 인공 지능 시대가 ○○했다

14) 조선 시대 의정부에 속한 정1품 벼슬로, 최고 행정 기관인 의정부를 이끈 3의정 중 하나 비 우정승

16) 일종의 진료비 정찰제로, 어떤 진료를 받기 위해 입원하는지에 따라 미리 책정된 진료비를 지급 하는 제도

18) 아랫사람이 윗사람을 사랑하는 것 반 내리사랑

20) 짐승이나 가축의 질병을 치료하는 의사
    예 반려견이 아파서 ○○○를 찾아갔다

22) 일이나 행동을 격식에 맞게 함
    예 군악대가 ○○ 있게 행진한다

23) 영국에서 최고 권위를 자랑하는 문학상이자 세계 3대 문학상 중 하나

26) 일정한 질서와 규율 아래 조직된 군인 집단
    예 대학을 졸업하기 전 ○○에 들어갔다

29) 알코올, 과산화 수소수 등으로 세균을 죽이거나 약화시키기 위해 쓰는 약

30) '자신이 만든 줄로 자신을 묶는다'는 뜻으로, 자기가 한 말과 행동 때문에 어려움을 겪는 것을 비유적으로 이르는 말

세로 낱말퍼즐

1) 물건 등을 잘 챙겨 간수하는 것
   예 종자를 수확해서 ○○○하다

2) 풍속 등이 다른 나라
   비 외국 예 그는 ○○적으로 생겼다

3) 먹고 먹히는 관계에서 어떤 생물을 공격해 먹이로 삼는 생물 예 쥐의 ○○은 고양이다

4) 『논어』에 나오는 말로, 세상일에 미혹되지 않는 마흔 살을 이르는 말

5) 논밭의 흙을 고를 때, 또는 곡식을 모으거나 펼 때 쓰는 연장

6) 경제적으로 넉넉하지 못한 일반 사람

   예 경기가 나빠서 ○○들의 생활이 힘들어지고 있다

9) 조선 후기 왕의 친척인 안동 김씨와 풍양 조씨가 권력을 잡고 행사하던 정치 형태

11) 비가 오지 않을 때 비 오기를 기원하는 제사

13) 조선 시대 인조반정 이후 논공행상에 대한 불만 으로 일어났으며, 선조의 아들인 흥안군을 새 임금으로 내세웠으나 실패함

15) 신라 시대에 조직된 청소년 수련 단체로, 많은 인재를 배출해 계층 갈등을 조정하고 삼국 통일에 기여함

1	2	3			4		5	6
7					8	9		
		10	11		12			
	13		14					15
16		17				18	19	
20				21		22		
		23						
24		25		26	27		28	
29				30				

16) 총으로 짐승을 잡는 사냥꾼

17) 범죄 혐의 유무를 밝히기 위해 범인을 확보하고 증거를 수집하는 활동

19) 일정한 사명을 띠고 나라를 대표해서 외국에 파견되는 단체

21) '대들보 위의 군자'라는 뜻으로, 도둑을 점잖게 이르는 말

24) 검사가 법원에 특정한 형사 사건의 심판을 청구하는 소송 행위

25) 서양 의술로 만든 약 ⑪ 한약

27) '큰 탈것'이라는 뜻으로, 중생을 깨달음으로 인도하는 부처의 가르침이나 수행법

28) 금품을 걸고 승부를 다투는 일
⑪ 내기, 노름

정답 93쪽

가로 낱말퍼즐

1) 정당이 선거에 출마할 후보를 추천하는 것
3) '굳게 먹은 마음이 사흘을 가지 못한다'는 뜻으로, 결심이 나약함을 이르는 말
6) 하던 일을 중간에 그만둠 예 사용 ○○
8) 무엇이든 뜻대로 만들어 낼 수 있다는 구슬로, 용의 턱 아래에 있다고 전해짐
11) 당해 회계 연도에 지출하지 못한 예산을 다음 연도로 옮겨 사용하는 것
12) 예전에 장이나 길거리를 다니며 구걸하는 노래를 부르던 동냥아치 예 ○○○ 타령
14) 경치, 경기, 흥행물 등을 흥미를 가지고 봄 예 가족과 동물원을 ○○했다
15) 깊은 밤 예 ○○영화
17) '주인과 손님의 입장이 바뀐다'는 뜻으로, 서로의 입장이나 일의 차례가 뒤바뀜을 이르는 말
19) '홀로 푸르고 푸르다'는 뜻으로, 모든 것이 변해도 결코 변하지 않는 굳은 절개를 이르는 말
22) 오케스트라 합주를 위해 작곡한 소나타로, 보통 4악장으로 구성됨 비 교향곡
24) 진짜 이름이 아닌 거짓 이름 반 실명
25) 지급해야 할 것을 하지 않고 미룸 예 임금 ○○로 퇴사를 결심했다
27) 잘난 체하며 버릇이 없음 예 태도가 ○○하기 짝이 없다
28) 얼음판에서 둥글고 납작한 돌을 미끄러뜨려 과녁에 넣어 득점을 겨루는 경기
29) 재정적 어려움을 겪는 기업이 회생 가능성이 보이는 경우 법원에서 지정한 제3자가 기업 활동 전반을 대신 관리하는 제도

세로 낱말퍼즐

1) '공중에 떠 있는 누각'이라는 뜻으로, 아무런 근거나 토대가 없는 사물이나 생각을 이르는 말
2) 하늘과 땅 예 어제 내린 눈이 ○○를 뒤덮었다
4) 실이나 헝겊을 꼰 뒤 초나 등잔에 꽂아 불을 붙이는 물건
5) '날이 오래고 달이 깊어 간다'는 뜻으로, 세월이 흐를수록 더함을 이르는 말
7) 쓰고 난 나머지 비 여분, 여유
9) 의심하고 두려워하는 마음 예 그의 거짓말에 ○○○이 들었다
10) '낮에는 농사짓고 밤에는 글을 읽는다'는 뜻으로, 어려운 여건 속에서도 꿋꿋이 공부함을 이르는 말
13) 마음에서 마음으로 전해져 서로 뜻이 통함
16) 청력이 약해져 소리를 잘 들을 수 없는 상태 예 ○○을 치료하기 위해 보청기를 샀다
17) '달리는 말에 채찍질한다'는 뜻으로, 열심히 하는 사람을 더 잘하라고 격려하고 권장함을 이르는 말
18) 조선 시대 남자들이 통상 예복으로 입던 웃옷
20) '재야정당'의 준말로, 정치에서 정권을 잡고 있지 않은 정당 반 여당
21) 입신출세하려는 큰 꿈을 비유하는 말
23) '신은 죽었다'고 선언한 독일의 철학자이자 실존

철학의 선구자

26) 부처의 가르침 또는 부처가 말한 법

 예 ○○을 전파하다

27) 군사 교육이나 훈련을 맡아 가르치는 교사나 장교

정답 93쪽

가로 낱말퍼즐

1) 천 리 밖을 내다볼 수 있다는 눈
3) 사면이 적에게 포위된 경우나 도움을 받을 수 없어 고립된 상태를 이르는 말
6) 저작물 발행자나 단체가 판권 소유자인 저작자에게 지불하는 저작권 사용료 [비] 판세
7) 지질 시대 퇴적암 안에 덮쳐져 쌓인 동식물의 유해나 흔적 [예] 공룡 ○○
9) 거짓으로 남을 속임 [예] 그는 나를 ○○했다
10) '우공이 산을 옮긴다'는 뜻으로, 어떤 일이든 끝까지 노력하면 마침내 이루어짐을 이르는 말
13) 군대의 간부 [비] 장교 [예] 육군 ○○학교
15) 쓸데없이 중얼거리는 말 [비] 군말
16) 얼굴은 보이지 않고 목소리만으로 연기하는 배우
18) 산에 사는 새 [비] 산조
20) 옻칠한 나무 그릇이나 공예품
   [예] 나전 ○○

22) 소나무와 잣나무에서 나오는 액체
23) 질그릇과 오지그릇 [예] ○○를 굽다
24) 일이 뜻대로 잘될 때 우쭐해서 뽐내는 기세
26) 고도가 높고 면적이 넓은 평탄한 지형
   [예] 봄비에 ○○가 촉촉하게 젖었다
28) '전장에서 말을 달려 힘을 다해 싸운 공로'라는 뜻으로, 전쟁이나 중요한 일에서 힘써 노력한 것을 이르는 말

세로 낱말퍼즐

1) '천 년에 한 번 만난다'는 뜻으로, 좀처럼 잡기 힘든 좋은 기회를 이르는 말
2) 야구에서 타자가 안전하게 베이스로 갈 수 있게 공을 치는 것
3) 자기만의 방식으로 이름을 적는 것 [비] 서명
4) 세금을 면제함 [예] 도서는 ○○ 품목에 해당한다
5) 집안이 화목하면 모든 일이 잘 성사됨
8) 조선 제10대 왕으로, 무오사화를 일으켰으며 중종반정으로 폐위됨
11) 국가나 어떤 단체의 돈 [반] 사금 [예] ○○ 횡령
12) 경상남도, 전라남도, 전북특별자치도에 걸쳐

있으며 대한민국에서 두 번째로 높은 산
14) 중국 삼국 시대 촉한의 장수이며, 『삼국지』의 주요 인물
17) '운이 일곱에 재주가 셋'이라는 뜻으로, 모든 일의 성패는 노력보다 운에 달려 있음을 이르는 말
19) '변방 노인의 말'이라는 뜻으로, 인생의 길흉화복은 항상 바뀌어 미리 알 수 없다는 뜻
21) 원고를 써서 보냄
   [비] 투고 [예] 신문에 환경에 대한 글을 ○○했다
22) 사람의 죽은 몸뚱이 [비] 시신
25) 밀물로 해면이 가장 높아진 상태 [반] 간조

1		2		3	4		5	
				6			7	
		8				9		
10	11				12		13	14
		15					16	
17				18	19			
20	21		22			23		
24		25			26			27
					28			

26) 24절기 중 하나로, 한 해 중 가장 추운 때

27) 나이가 많음

　⑩ 그에게는 ○○한 부모님이 계시다

정답 93쪽

가로 낱말퍼즐

1) 애를 쓰고 속을 태우며 골똘히 생각함
   예 금리가 올라 서민들이 ○○○○하다

3) '그루터기를 지켜보며 토끼가 나오기를 기다린다'
   는 뜻으로, 되지도 않을 일을 고집하는
   어리석음을 이르는 말

6) 학술 연구의 업적이나 결과를 적은 것

7) 같은 성씨 예 그와 나는 ○○동본이다

8) 태양계에서 태양, 달, 지구 순서로 배열될 때 달이
   태양을 완전히 가리는 현상

10) 도움이 되도록 이바지함 비 공헌

11) 어떤 사람보다 높은 자리에 있는 사람
    비 상사 반 하관

12) 옥수수 낱알에 간을 해 기름에 튀긴 음식
    예 영화를 보기 전 ○○을 샀다

14) 손가락 끝 안쪽에 있는 살갗 무늬로, 개인을 식별
    할 때 사용됨 예 ○○을 채취하다

17) 경기를 치를 때, 지면 탈락하고 이기면 올라가
    최종 우승자를 가리는 방식

20) 공부하는 데 드는 비용
    예 아르바이트로 번 돈을 ○○에 보태다

23) 오페라 등에서 악기의 반주가 있는 길고 서정적인
    독창곡

25) 일도 많고 어려움과 탈도 많음
    예 올 한 해는 ○○○○했다

26) 쓸데없이 찐 살

27) 여럿 중에서 불필요하거나 열등한 것을 줄여 없앰
    예 자연 ○○가 일어나다

세로 낱말퍼즐

1) 옛날 여성들이 몸을 치장할 때 저고리 고름이나
   치마 허리 등에 단 물건 비 패물

2) 처음에 세운 뜻을 한결같이 밀고 나가는 강한
   의지

3) 물이 흐르는 양을 조절하기 위해 설치한 문
   예 댐의 ○○을 열다

4) 조선 시대 지리학자 김정호가 우리나라 각지를
   답사해서 만든 지도

5) 흙으로 쌓아 올린 성 예 몽촌 ○○

9) 날씨를 관측하고 예보하는 사무를 하는 국가 행정
   기관

13) 일반 청중을 위한 음악 연주 행사 비 음악회

15) 행동하는 방식이나 자세, 태도, 몸가짐
    예 저 선수는 경기 ○○가 좋다

16) 그릇된 학문으로 지위나 권세 있는 사람에게
    아첨함

18) 날이 밝을 무렵의 동쪽 예 ○○이 트다

19) '여러 사람의 입을 막기는 어렵다'는 뜻으로, 많은
    사람이 자신의 의견만 내세워 통일되지 않는 상황
    을 이르는 말

21) 도리에 어긋나는 일 비 부조리

22) 산 중턱의 흙이나 바위가 미끄러져 내리는 자연

1		2			3		4	5
			6				7	
8	9					10		
	11		12	13			14	
		15						
16		17		18				19
20	21					22		
23		24			25			
		26			27			

현상

24) 우리 편 군대 [반] 적군

25) 차를 손님에게 대접하거나 마실 때의 방법 및
예의범절 [예] 사찰에서 ○○체험을 했다

정답 94쪽

41

가로 낱말퍼즐

1) ‘간과 쓸개를 서로 내보인다’는 뜻으로, 서로가 마음 속을 툭 털어놓고 숨김없이 친하게 지냄

4) 진실 여부에 관계없이 사람들 사이에 퍼져 입에 오르내리는 말 🔵 풍문

6) 아파서 몸이 부은 기색
🔵 수술 후 아직 ○○가 빠지지 않았다

7) 어떠한 업무를 맡은 일정한 기간
🔵 국회 의원의 ○○는 4년이다

8) 일정 기간 동안 학교나 직장 등에 빠지는 날 없이 나온 사람에게 주는 상

9) 조직표나 편성표 등 일정한 규정에 의해 정한 인원 🔵 부서의 ○○를 늘리다

10) 한 학교의 학생들이 편집하고 발행하는 잡지

11) 국제 사회에서 교섭을 통해 다른 나라와 정치적 · 경제적 · 문화적 관계를 맺는 일

12) 웃어른에게 정성 들여 음식을 만들어 드리는 일
🔵 부모 ○○

14) 2015년 3월 공직 사회 기강을 확립하기 위해 제정되었으며 ‘청탁 금지법’이라고도 함

17) 신선이 만든다고 전해지는 불로불사의 영약
🔵 선단

18) 전기의 힘으로 밝은 빛을 내는 등
🔵 그는 ○○을 켜 놓은 채 외출했다

20) 조선 제26대 왕이자 대한 제국 제1대 황제로 안으로는 세력 다툼, 밖으로는 서양의 압력에 시달려 개혁의 뜻을 이루지 못함

22) 사물을 보거나 생각하는 수준
🔵 우리는 생각하는 ○○이 다르다

24) 묵은 해를 보내고 새해를 맞이함

26) ‘먹을 가까이하면 검어진다’는 뜻으로, 나쁜 사람과 가까이 지내면 물들기 쉬움을 비유적으로 이르는 말

28) ‘대화의 기술’이라는 뜻으로, 질문과 답에 의해 진리에 가까이 가는 방법

29) 국가가 외국인의 입국을 허가하는 증명서
🔵 해외여행을 위해 ○○를 신청했다

세로 낱말퍼즐

2) ‘서로서로 돕는다’는 뜻으로, 비슷한 상황에 있는 이들이 힘을 합쳐 위기를 극복함

3) 아침 일찍 일어남 🔵 ○○ 축구단

5) ‘상대방을 위해 목이 잘린다 해도 후회하지 않을 사이’라는 뜻으로, 생사를 같이할 정도로 가까운 관계를 이르는 말

7) 조선 고종 임오년에 구식 군대 군인들이 신식 군대인 별기군과의 차별 대우에 분노해 일으킨 난

8) 6·15 남북 공동 선언 이후 남북 경제 협력 산업의 하나로 개성시 일대에 조성한 공업 단지

10) 도시에서 떨어진 주변 지역
🔵 시내 🔵 차를 타고 ○○로 나들이를 갔다

13) ‘좋은 약은 입에 쓰다’는 뜻으로, 바른말은 귀에 거슬리지만 도움이 된다는 것을 이르는 말

15) 시신을 넣은 관을 실어 나르는 차

16) 국가가 제정한 통일적이고 체계적인 성문 법규집

예 함무라비 ○○

19) '높은 곳에 오르려면 낮은 곳에서부터 출발 해야 한다'는 뜻으로, 모든 일에는 순서가 있음을 이르는 말

21) 영화 상영이 끝남
예 이 영화의 ○○시간은 11시다

23) 일정한 시점에서 본 물체와 공간을 인간의 눈으로 보는 것과 같이 멀고 가까움을 느낄 수 있도록 평면 위에 묘사하는 회화 기법

24) 돈을 부침. 또는 그 돈
예 생활비를 ○○했다

25) 몸과 몸의 주변 비 신상, 일신

27) 수입이 지출보다 많아서 생기는 잉여나 이익
예 우리 회사는 올해 30억의 ○○를 냈다

정답 94쪽

가로 낱말퍼즐

1) 얕보고 하찮게 대함 📦 경시, 멸시
4) '바람 앞에 등불'이라는 뜻으로, 매우 위태로운 상태를 이르는 말
7) 제목이나 조항 등의 차례
   📦 책의 ○○를 보고 원하는 정보를 찾았다
8) 항상 정해 두고 거래하는 곳이나 손님
11) 군사를 지휘하는 전쟁 수행의 방법
   📦 전술, 전법 📦 손자○○
12) 사람으로서 마땅히 지켜야 할 바른 도리
   📦 ○○○○에 어긋나다
14) 중국 소설 『서유기』에서 삼장 법사를 호위하는 세 요괴 중 하나
16) 돈이나 귀중품을 안전하게 보관하는 데 쓰이는 상자
17) 지혜나 덕이 뛰어나 만인이 본받을 만한 사람
   📦 성인

18) 친자식처럼 길러 준 아버지 📦 친부
19) 간장, 심장, 비장, 폐장, 신장 등 다섯 가지 내장
   📦 ○○육부
20) 인기척을 하려고 일부러 내는 기침 📦 군기침
22) 범죄 수사를 할 때 목격자 등의 진술을 토대로 범인의 모습과 비슷한 여러 자료를 합성해 만들어 낸 얼굴 사진
23) 오래되고 낡아 시대에 뒤떨어짐 📦 신식
25) 길이나 집을 잃어버리고 헤매는 아이
   📦 ○○ 보호소
27) 예순 살
28) 이슬람 여성들이 머리와 상반신을 가리기 위해 쓰는 두건
29) 경상북도 경주시에 있는 천문 기상 관측대로, 신라 선덕 여왕 때 건립함

세로 낱말퍼즐

1) '눈을 비비고 상대를 본다'는 뜻으로, 다른 사람의 학식이나 재주가 크게 진보함을 이르는 말
2) 세계 각 지역별 시간 차이
   📦 한국과 일본은 가까워서 ○○가 크지 않다
3) 전통 음악에서 박자, 빠르기 등에 따라 달라지는 리듬의 형태 📦 ○○에 맞춰 춤을 추다
5) 전투를 함께하는 동료 📦 군우
6) '용을 그린 다음 마지막으로 눈동자를 그린다'는 뜻으로, 마지막으로 가장 중요한 부분을 마무리함을 비유적으로 이르는 말
·9) 밖으로 나타나지 않고 속으로 깊이 든 병

10) 낙랑에 있었다고 전해지며, 적이 침입하면 스스로 울렸다는 북
13) 조선 시대에 중대한 범죄를 다루던 사법 기관
   📦 금부
15) 프랑스 교육가 쿠베르탱이 창안한 올림픽 대회기
   📦 선수들이 ○○○를 들고 등장했다
17) 현재의 기업 가치 대비 성장성이 높은 주식
   📦 발전주
18) '양 머리를 걸어 놓고 개고기를 판다'는 뜻으로, 겉으로는 그럴듯하나 속은 변변치 못함을 이르는 말

19) 컴퓨터를 잘못 침. 또는 그런 글자
　예 논문에 ○○가 많다

21) '바늘만 한 것을 보고 몽둥이처럼 크다고 한다'는
　뜻으로, 작은 일을 크게 부풀림

24) 의식의 진행 순서
　예 ○○에 따라 주례 선생님의 말씀이 있겠습니다

26) 남의 환심을 사거나 잘 보이려고 알랑거리는
　말이나 몸짓 비 아부

정답 94쪽

가로 낱말퍼즐

1) 다른 사람의 사소한 언행이나 실수라도 나에게 커다란 교훈이나 도움이 될 수 있음

3) 공격하기 어려워 쉽게 함락되지 않음

5) 말로 전해짐
   예 우리 마을에는 ○○으로 내려오는 이야기가 있다

6) 아내의 언니

7) 개인, 가정, 지역 등을 보호하고 지켜 주는 신

9) 몹시 미워하는 마음 반 애정

11) 전쟁터에서 싸우다가 죽음 예 ○○ 통지서

12) 밀가루를 반죽해 장국에 적당한 크기로 뜯어 넣어 감자와 함께 끓인 음식

14) 주로 하천이나 연못에 서식하는 연체동물로, 껍데기는 길쭉한 탑형임. 된장이나 채소를 같이 넣어 국으로 많이 끓여 먹음

15) 24절기 중 하나로, 이때부터 겨울이 시작된다고 함

16) 땅속 깊은 곳에서 암석이 녹은 것으로, 식어서 굳으면 화성암이 됨

18) 운동, 놀이, 탐험 등을 하기 위해 산에 오름
   반 하산

21) 궁궐 안의 마당 예 ○○에서 잔치가 열렸다

23) 특정 경기장에서 정지해 있는 공을 쳐서 정해진 홀에 넣고, 그 타수로 승부를 겨루는 경기

24) 창조적인 일을 시작하게 만드는 기발한 생각이나 자극 예 불현듯 소설의 ○○이 떠올랐다

26) 돈을 모을 줄만 알고 쓰는 데는 인색한 사람을 비꼬는 말 비 구두쇠

28) 어떤 일에 대한 계획이나 구상
   예 그는 국가 발전의 ○○○을 제시했다

세로 낱말퍼즐

1) 야구 등에서 공을 치는 것

2) '산에서도 물에서도 싸웠다'는 뜻으로, 온갖 고생과 어려움을 겪음을 이르는 말

3) '누구를 형이라 하고 누구를 아우라 하기 어렵다' 는 뜻으로, 비슷해서 우열을 정하기 어려움을 이르는 말

4) 밤에 잠을 이루지 못하는 증상
   예 그는 매일 밤 ○○○에 시달리고 있다

8) '좋은 일에는 탈이 많다'는 뜻으로, 좋은 일이 실현 되기 위해서는 많은 풍파를 겪어야 함

10) 『손자』에서 유래한 말로, 적대적인 사람들이 한자리에 있는 상황이나 서로 힘을 모아야 하는 상황을 이르는 말

12) 자기의 체험을 손수 적은 글
   예 그는 ○○를 써서 상을 받았다

13) 여름철에 여러 날 비가 내리는 기상 현상
   반 가뭄

17) 여러 자료를 분석한 변화를 쉽게 볼 수 있도록 나타낸 직선 또는 곡선

19) '산이 막히고 물줄기가 끊어져 더 갈 길이 없다'는 뜻으로, 막다른 경우에 이름을 이르는 말

20) 야외에 천막을 쳐 놓고 휴양이나 훈련을 하는 것

22) 전기가 잠깐 끊어짐

  예 갑자기 ○○이 되어 손전등을 켰다

23) 뼈 사이의 공간을 채우고 있는 부드러운 조직

  예 ○○이식

25) 기밀을 보호하거나 수사 등에 필요한 참고 자료를
   얻기 위해 통신 내용을 엿듣는 일

27) 예약을 한 뒤 취소한다는 연락 없이 예약 장소에
   나타나지 않는 행위

정답 94쪽

가로 낱말퍼즐

2) 비석에 새긴 글 예) 왕의 ○○을 해석하다

5) 특정 물건 가격이 오를 것을 예상해 그 물건을 한꺼번에 많이 사들였다가 가격이 오를 때까지 되도록 팔지 않고 쌓아 두는 것

8) '책을 펼쳐 놓는 것만으로도 이익이 있다'는 뜻으로, 독서를 권장하는 말

10) '국권 피탈'의 이전 용어로, 1910년 8월 29일 우리나라가 국권을 상실한 치욕적인 날

11) 사람의 변 예) 옛날에는 ○○을 비료로 썼다

12) 성난 기운이 하늘을 찌름

14) 타고난 기운 예) 수술 후 ○○를 회복하다

15) 상급 학교의 입학시험을 세 번째 준비하는 것

17) 물고기를 많이 잡아 가득 실은 배
예) 출어선의 ○○을 기원하다

18) 인류에 대한 차별 없는 사랑
예) 의료 나눔으로 ○○○를 실천하다

20) 밥에 닭이나 쇠고기를 고아서 우려낸 물을 얹은 북한의 전통 음식

22) 예수 그리스도의 탄생을 기념하는 축일

24) 예전에 늙은 부모를 산 채로 산에 버렸다고 하는 풍습

26) '맺은 사람이 풀어야 한다'는 뜻으로, 일을 저지른 사람이 해결해야 함을 이르는 말

28) 만주 하얼빈역에서 이토 히로부미를 저격한 한말 독립운동가

29) 배우자 없이 혼자 사는 사람
예) ○○○ 모임을 만들었다

세로 낱말퍼즐

1) 잡념에서 벗어나 하나의 대상에만 집중하는 경지
예) 독서 ○○○

2) 일정한 거리에서 작은 돌을 던지거나 발로 차서 상대편의 비석을 맞혀 쓰러뜨리는 놀이

3) 부여받은 권리를 자발적으로 포기하거나 행사하지 않는 것 예) 나는 이번 선거를 ○○했다

4) 한 기간의 매출액이 당해 기간의 총비용과 일치하는 점
예) 이달은 겨우 ○○ ○○○을 넘겼다

6) 특수한 자연 현상이나 인간 현상을 관찰해 미래를 예언하는 것

7) 사적인 이익을 얻기 위해 한 나라의 주권을 다른 나라에 팔아먹는 사람

예) 이완용은 ○○○다

8) 지난날의 잘못이나 허물을 고쳐 올바르고 착하게 됨

9) 신체 구조가 원숭이류보다 사람에 더 가까워서 붙여진 명칭으로, 오랑우탄, 침팬지 등이 해당됨

13) 한껏 가득 참 예) 마음속에 사랑이 ○○하다

15) '세 사람이면 없던 호랑이도 만든다'는 뜻으로, 사실이 아니더라도 여러 사람이 말하면 믿게 됨을 이르는 말

16) 손으로 던지는 소형 폭탄
예) ○○○의 안전핀을 뽑다

19) 몹시 애처롭고 슬픔

20) 『논어』에 나오는 말로, 과거의 역사와 학문을

1			2			3		4
5	6	7			8		9	
10							11	
		12		13			14	
15	16			17				
18		19				20	21	
22				23		24		25
			26		27			
	28				29			

충분히 익히고 그 바탕 위에서 새로운 것을 배움

21) 제출한 문서를 윗사람이나 상급 기관이 처리하지 않고 되돌려주는 것

23) 어머니와 아들 (반) 부녀

25) 나무나 돌 등으로 만들며, 마을 또는 길가에 세운 사람 머리 모양의 기둥

26) 근무일에 나오지 않음

(반) 출근 (예) 몸이 아파 ○○했다

27) 몸 안에 들어간 유독한 물질의 작용을 없앰

(예) ○○에 좋은 음식

정답 95쪽

가로 낱말퍼즐

1) 나이 어린 왕이 즉위했을 때 왕대비나 대왕대비가 국정 운영에 참여하던 정치 제도

4) 몸속에서 병을 일으키는 미생물에 대항하는 항체를 생산해, 다음에는 그 병에 걸리지 않도록 하는 것

7) 동양화에서 산, 강 등 자연 경관을 소재로 그린 그림

9) 대지와 하늘이 맞닿아 이루는 경계선
例 ○○○ 너머로 노을이 지고 있다

10) 투우 경기에서 붉은 깃발을 들고 소와 싸우는 사람

12) 집주인에게 일정한 돈을 맡기고 그 부동산을 일정 기간 동안 빌려 쓰는 일
例 월세에서 ○○로 옮겼다

13) 분해되지 않고 몸속에 있는 지방
例 ○○○ 측정기

15) 예전에 머리에 쓰던 의관으로, 벼슬이나 지위를 낮춰서 이르는 말

16) 물건이나 서비스가 제대로 작동하지 않는 것

例 갑자기 핸드폰이 ○○이 되었다

17) 물건이 깨져서 못 쓰게 됨 例 ○○ 주의

19) 매우 못마땅해 내는 성 比 화

20) 가벼운 걸음으로 빨리 걸음

21) 여럿 가운데 학문이나 기술 등의 배움이 가장 뛰어난 제자

22) 늙은 사람

24) 우는 소리 比 곡소리

25) '동쪽에서 소리 지르고 서쪽을 친다'는 뜻으로, 상대편에게 그럴듯한 속임수를 써서 공격하는 것을 이르는 말

27) 성별에 따라 신체상에 나타나는 특징
例 2차 ○○

29) 양반과 양민 여성 사이에서 태어난 아이
例 홍길동은 ○○으로 태어났다

30) 명태 알로 담근 젓갈

31) 물건이나 권리를 넘겨받음
反 인도 例 하청업체 공장을 ○○했다

세로 낱말퍼즐

1) '손에서 책을 놓지 않는다'는 뜻으로, 밤낮없이 열심히 공부함

2) 1920년 김좌진과 홍범도가 이끄는 독립군 연합 부대가 만주에서 일본군을 대파한 전투

3) 물을 깨끗하게 함

5) 상대편의 처지나 입장에서 생각해 봄

6) 거짓으로 착한 척하거나 그런 행동을 하는 사람

8) 열두 달을 상징하는 화초 그림 딱지로 점수를 내는 오락 例 친척들이 모여 ○○를 쳤다

11) 우편물을 넣는 통 例 ○○○에 편지를 넣었다

14) 파도를 막기 위해 바다에 쌓은 둑 등의 구조물
比 방조제

15) 자신이 느끼는 것과는 무관하게 일을 해야 하는 직종 종사자. 백화점 판매 사원, 승무원 등이 있음

16) 많이 먹는 사람을 놀리는 말

18) 자식의 아들
例 노인은 ○○의 재롱에 크게 웃었다

21) 태양에서 가장 가까우며 태양계에서 가장 작은

정답 95쪽

행성. 달보다 약간 크며 위성을 가지고 있지 않음

예 세금을 ○○하다

23) 말이나 행동 등에 나타나는 그 사람의 품격

예 그 선수는 ○○이 훌륭하다

25) 신약과 구약으로 이루어진 기독교의 경전

비 성경

26) 이름을 써넣음

27) 만 19세 이상의 남녀 비 어른

28) 행정 기관이 조세나 수수료 등을 거두는 일

가로 낱말퍼즐

1) 불에 잘 타는 성질

2) 다른 사람에게 해를 끼친 사람 🔴 피해자

5) 조선 시대 왕명을 받고 지방에 나간 신하가
자기 관하의 중요한 일을 왕에게 보고하거나
청하는 문서

6) 학이 날개를 펼친 듯한 형태로 적을 포위해
공격하는 전술

7) 수도하거나 참선할 때 두 발등을 포개 앉는 자세
🔵 ○○○ 자세로 명상을 시작했다

9) 이유기의 유아에게 먹이는 젖 이외의 음식

11) 합의체가 의사를 진행하거나 결정할 때 필요한
최소한의 인원수

13) 이름을 높여 이르는 말 🔴 함자

15) '하늘과 사람이 함께 화를 낸다'는 뜻으로,
누구나 분노할 만큼 증오스럽거나 용서할 수
없음을 이르는 말

18) 다른 사람의 특허권, 저작권 등을 이용하고
지불하는 대가

20) 맏아들 🔵 큰아들 🔴 장녀

21) 한 번 본 것을 그대로 해내는 재주
🔵 그 만화가는 ○○○가 좋다

24) 무의미하고 헛되어 쓸쓸함 🔵 공허

25) 한국의 새로운 불교로, 박중빈이 세웠으며
불교의 현대화, 생활화, 대중화를 추구함

26) 팔기 위해 내놓은 물건
🔵 아파트를 ○○로 부동산에 내놓았다

27) 높은 하늘
🔵 비행기는 수천 피트 ○○으로 날아올랐다

세로 낱말퍼즐

1) 다른 사람의 심리나 상황을 조작해 그 사람이
스스로를 의심하며 판단력을 잃게 만듦으로써
그 사람에 대한 지배력을 강화하는 행위

2) 가정의 수입과 지출을 적는 장부

3) 스스로 자기를 학대함
🔵 그는 사업 실패 이후 ○○에 빠졌다

4) 사진을 찍을 수 있게 만든 기구 🔴 카메라

5) 사내가 아내를 맞이하는 일 🔴 시집

8) '우물 속에 앉아 하늘을 본다'는 뜻으로, 견문이
좁고 세상 물정을 모름을 이르는 말

10) 음식에 따라 좋아하거나 싫어하는 성미

🔵 그는 ○○이 까다로운 편이다

12) 헐거나 고장 난 것을 고치는 사람
🔵 차가 고장 나 ○○○을 불렀다

14) '내가 하면 로맨스, 남이 하면 불륜'을 줄인
신조어로, 남이 할 때는 비난하던 것을 자신이
할 때는 합리화하는 태도

16) 도장을 찍을 때 사용하는 붉은 빛깔의 재료

17) '애는 썼으나 고생한 보람이 없다'는 뜻으로,
수고만 하고 아무런 공이 없음을 이르는 말

19) 손이나 발에 지속적인 자극을 받아 생기는 굳은살
🔵 발바닥에 ○○이 생겼다

1			2		3			4
			5			6		
			7		8			
9		10			11		12	
		13						
	14				15	16		17
	18		19					
20			21	22	23		24	
25				26			27	

20) 고려 시대와 조선 시대 때 과거에서 갑과에
수석으로 급제함 예 ○○ 급제

22) 눈이나 얼음판 위에서 미끄럼 타는 기구

23) 인간에 비해 보잘것없다는 의미로 동물을 가리킴

24) 없는 것이 있는 것처럼 보이거나 실제와는
다르게 보이는 현상 반 실상

정답 95쪽

가로 낱말퍼즐

1) 글 쓰는 일을 업으로 삼는 사람

4) 방송이나 신문에 실을 기사를 취재하거나 편집하는 사람

6) 인간과 삶의 본질을 탐구하는 학문
   예 칸트를 알기 위해 ○○을 공부했다

8) '한 올의 실도 엉키지 않는다'는 뜻으로, 질서 정연해 조금도 흐트러지지 않음을 이르는 말

9) 오랫동안 굶주려서 살가죽이 누렇게 붓는 병

11) 깊이 생각하고 고려함
    예 ○○○○ 끝에 결정을 내렸다

13) 예로부터 늙지 않고 오래 산다고 전해지는 열 가지로 해, 소나무, 거북 등이 있음

16) 아무렇게나 성의 없이 대접함 비 푸대접

17) 몹시 놀라 얼굴빛이 하얗게 변함

21) 음식을 먹는 데 드는 비용
    예 ○○를 아끼려고 도시락을 싼다

22) 죽게 된 원인
    예 그의 ○○은 심장 마비로 밝혀졌다

24) 경기 시작 전에 유명 인사가 공을 던지는 것

25) '개울가'의 북한어로, 개울의 주변을 뜻함

26) 버드나무과에 속하는 낙엽 활엽 큰키나무로, 심하게 떠는 모양을 비유할 때 쓰임
    예 그는 겁에 질려서 ○○○○ 떨듯 몸을 떨었다

28) '60갑자의 갑으로 돌아온다'는 뜻으로, 61세 (만 60세)가 되는 생일을 의미함

29) 신라 시대 화랑의 계율인 세속 오계의 하나로, '믿음으로써 벗을 사귄다'는 뜻

세로 낱말퍼즐

1) '하나를 들으면 열을 안다'는 뜻으로, 지극히 총명함을 이르는 말

2) 베껴 쓰는 것 예 책 한 권을 다 ○○했다

3) 기일 전에 미리 받은 돈이나 월급
   예 월급에서 100만 원을 ○○ 신청했다

5) 본인의 재능이나 능력을 자랑스럽게 생각하는 마음

7) '학이 머리를 길게 빼고 고되게 기다린다'는 뜻으로, 무언가를 간절히 기다림

10) 중국의 가는 모래가 바람에 날려 내려오는 현상
    예 올봄에도 ○○가 심하다

12) 여관이나 호텔 등에서 잠자고 머무름
    예 기차를 놓쳐 근처에서 ○○했다

14) 굵고 세차게 내리는 비
    예 가는 빗줄기가 갑자기 ○○○로 변했다

15) 익숙하지 않아 어색함 비 생소

18) 사실에 입각해 진리를 탐구하려는 태도

19) 책의 본문 중 중요한 단어나 항목 등을 쉽게 찾을 수 있도록 별도로 배열한 목록 비 찾아보기

20) 웃거나 말할 때 볼에 오목하게 들어가는 자국

21) '글자를 아는 것이 근심을 초래한다'는 뜻으로, 어떤 정보를 너무 많이 알아서 걱정까지 많아짐

1	2	3		4	5		6	7
8					9	10		
					11		12	
13	14	15					16	
	17		18	19		20		
21			22					23
		24				25		
		26			27			
28					29			

23) '나무 옮기기로 백성들을 믿게 한다'는 뜻으로, 약속을 반드시 지킨다는 말

24) 그 당시에 일어난 갖가지 사회적 사건

　🔵 ○○상식

27) 믿는 종교가 없음

정답 95쪽

가로 낱말퍼즐

1) '한 사람을 벌주어 백 사람을 경계한다'는 뜻으로, 한 사람을 엄하게 처벌해 다른 사람들에게 경계심을 부여함을 이르는 말

4) '이름이 헛되이 전해지지 않는다'는 뜻으로, 명성이 널리 퍼진 데는 그럴 만한 이유가 있음을 이르는 말

7) 교회에서 예배를 이끌고 신자의 영적 생활을 지도하는 개신교 성직자

8) 예수 최후의 만찬을 기념하는 의식으로, 가톨릭교회에서 가장 중심이 되는 제식

9) 위 점막에 염증이 생긴 질환
예 급성 ○○으로 병원에 갔다

11) 12~13세부터 19세까지의 사람
예 ○○ 학생들에게서 활기가 느껴졌다

12) 운동 경기장에서 경계를 나타내는 선
예 공이 ○○을 벗어났다

13) 사랑하는 사람과의 이별의 한을 노래한 작자 미상의 고려 속요

15) 일본 화폐인 엔화 가치가 떨어지는 현상

17) 예술, 문화, 스포츠 분야나 사회적 공익사업에 대한 기업의 지원 활동

19) 부끄러움 없이 비위 좋게 대하는 것
예 그는 참 ○○이 좋다

21) 날마다 반복되는 생활
예 그는 바쁜 ○○을 보내고 있다

22) 호텔이나 극장 등에서 휴게실이나 응접실 등으로 사용되는 공간 예 1층 ○○에서 만나자

23) 뛰어난 능력으로 특정 분야에서 권위를 인정받는 사람 비 거장

25) 지적인 품성과 명확한 판단력을 갖춘 사람

27) 보통 사람이 짐작할 수 없을 정도로 기발하고 엉뚱한 것 예 ○○○○한 생각

28) '눈으로 차마 보지 못한다'는 뜻으로, 슬프고 안타까운 광경을 이르는 말

세로 낱말퍼즐

2) 숲의 나무를 벰
예 ○○으로 산림이 파괴되었다

3) 강가나 바닷가에 흰모래가 깔려 있는 곳
예 ○○○에 피서객들이 넘쳐 난다

4) 곱고 부드러운 모래가 10리에 걸쳐 펼쳐지는, 뛰어난 경관으로 이름난 모래사장

5) 거짓을 진실처럼 꾸미는 것 예 ○○보도

6) 병이 남에게 옮는 것
예 이 병의 ○○을 막아야 한다

10) 종이, 잡지, 사진 등을 찢거나 오려 붙여서 작품을 만드는 일

13) 집안의 운수나 살림살이의 형세
예 ○○가 기울다

14) '모르는 사이에 조금씩 조금씩'이라는 뜻의 순우리말

16) 사람이 죽은 뒤에 그 영혼이 가서 머무른다고 전해지는 세계 반 이승

18) '눈 위에 서리가 덮인다'는 뜻으로, 어려운 일이

1	2	3			4		5	6
	7			8			9	
10					11			
12			13	14			15	16
		17						
	18					19	20	
21				22				
23			24			25		26
27					28			

연거푸 일어남을 이르는 말

20) 『논어』에 나오는 말로, 자기의 몸을 희생해 옳은 도리를 행함

21) 한 사람의 일생 동안의 일을 적은 기록

　예 그의 ○○○를 영화로 만들었다

24) 정해진 교육 과정 외에 비공식적으로 하는 수업

25) 돈을 내어 주거나 값을 치름

　예 회사 대표가 임금을 ○○했다

26) 명주실 비슷하게 인공적으로 만든 실

가로 낱말퍼즐

1) 끌어서 당김
   예 주차 위반한 차량을 ○○했다

3) 내몽골 근처에 살다가 10세기 초 요나라를 세운
   유목 민족

4) 아름다움을 살펴 찾는 안목

6) 오이, 수박, 참외 등을 심은 밭을 지키기 위해
   밭머리나 밭 한가운데에 지은 막

8) 특별한 공로를 세우거나 일정 기간 국가 기관에
   복무한 사람에게 매해 주는 돈

9) 부조로 보내는 돈
   예 장례식장에 가서 ○○○을 내다

12) 간사한 신하 반 충신

13) 사람의 목숨 예 소중한 ○○을 구해 냈다

14) 편지나 전보 등을 보내는 사람 반 수신인

17) 극이나 악곡 사이에 하는 연주

예 ○○를 건너뛰다

18) 좋지 않은 일이 바뀌어 오히려 좋은 일이 됨

23) 광물을 캐내는 산
   예 이곳은 예전에 석탄을 캐던 ○○이었다

24) '뼈를 가루로 만들고 몸을 부순다'는 뜻으로,
   어떤 일에 온 힘을 다해 노력함을 이르는 말

26) 말이나 행동을 거짓으로 꾸밈
   예 그는 너무 ○○적이다

27) 산이나 밭에 불을 질러 일군 밭에 농사를 짓는
   사람

28) 중국 명나라 말기에 문인 홍자성이 지은 어록집

세로 낱말퍼즐

1) '개와 원숭이의 사이'라는 뜻으로, 서로 앙심을
   품고 미워하는 사이를 이르는 말

2) 불에 달궈 구겨진 천을 눌러 펴거나 솔기를
   꺾어 누르는 데 사용하는 기구

4) 바깥의 자극에 의해 묘하게 움직이는 마음
   예 독자의 ○○을 울렸다

5) '눈 아래 사람이 없다'는 뜻으로, 무례하게 다른
   사람을 업신여김을 이르는 말

7) 12~19세기 일본을 다스린 쇼군의 정부
   예 에도 ○○

10) 옳은 일을 위해 나서는 사람
   예 그는 진정한 ○○이다

11) 오늘이나 내일 사이
   예 ○○○에 소식이 올 것이다

15) 신이 사람을 통해 뜻을 나타내거나 인간의 물음에
   응답하는 것

16) 딸의 남편 예 ○○ 사랑은 장모다

18) 지극히 짧은 순간이나 매우 빠른 동작을
   이르는 말

19) 땅속 마그마가 지표면을 뚫고 나오면서
   만들어진 산

20) 예상하지 못한 경쟁자 예 뜻밖의 ○○을 만나다

21) 신라 시대 신분제인 골품 제도에서 가장 높은
   신분

58

1	2		3			4		5
6		7			8			
		9	10	11				
12			13			14	15	
		16		17				
18	19		20			21		22
23					24			
		25		26				
27						28		

22) '거친 나무 위에서 자고 쓴 쓸개를 먹는다'는
    뜻으로, 온갖 고난을 참고 견딤을 비유적으로
    이르는 말

24) 빵, 국수처럼 밀가루 등으로 만든 음식

25) 자기 나라를 떠나 다른 나라로 옮겨 머무름
    예 미국으로 ○○을 가기로 결심했다

26) 한집안을 이끄는 사람 비 호주

정답 96쪽

vol 27

가로 낱말퍼즐

2) 신경이나 근육의 감각이 없어지고 힘을 제대로 쓰지 못하는 것 예 전신 ○○

4) '죽어서 백골이 되어도 잊지 못한다'는 뜻으로, 큰 은혜나 덕을 감사히 여기며 간직함을 이르는 말

7) 돌을 조각해서 만든 형상 비 돌상

9) 온도가 높아 매운 더운 모양
예 방이 ○○ 끓고 있다

10) 작은 일부터 시작해 큰 것을 이룸

11) 후두 중앙에 있는 발성 기관
비 목청 예 ○○모사

12) 장례 절차 중 죽은 이에게 예의를 표하는 것
비 문상

13) 마소를 부리기 위해 머리와 목에 고삐에 걸쳐서 매는 줄 예 소에 ○○를 씌우다

14) 축하하며 벌이는 큰 잔치나 행사
예 벚꽃 ○○

16) '가을바람에 떨어지는 낙엽'이라는 뜻으로, 세력이나 형세 등이 갑자기 기울거나 약해짐을 비유적으로 이르는 말

19) 수증기가 유리창에 얼어붙어 만들어지는 서리

20) 바둑이나 장기에서 잘 두는 방법이나 솜씨를 가르쳐 줌
예 그 노인은 혀를 차며 ○○를 뒀다

21) 두 물체가 서로 마찰해 전자가 이동하면서 띠게 되는 전기

24) 섭씨온도계에서 눈금이 0℃ 이하의 온도
반 영상

25) 얼굴이 두꺼워 부끄러움을 모름

26) 경상북도 경주시 불국사에 있는 통일 신라 시대의 화강석 석탑으로, 1962년 국보로 지정됨

세로 낱말퍼즐

1) '돌 한 개를 던져 새 두 마리를 잡는다'는 뜻으로, 한 가지 일로 두 가지 이익을 얻음을 이르는 말

3) 각 정당의 득표수에 비례해 의원을 선출하는 선거 방식

4) '백 번 꺾여도 굴하지 않는 용기'라는 뜻으로, 어떠한 어려움과 좌절 앞에서도 포기하지 않음

5) 뼈가 부러짐 반 접골 예 발가락이 ○○되다

6) 아득히 넓고 끝없는 바다

8) 임금에게 올린 글
예 성균관 유생들이 ○○○을 올렸다

14) 기쁜 일이 있을 때 축하하며 마시는 술. 또는 그 술잔 예 오늘을 기념하며 ○○를 들자

15) 조선 시대 고종의 비로, 통상과 수교에 앞장 섰으나 친러시아 정책을 펼치다 을미사변으로 피살됨

16) 가을에 여문 곡식을 거두어들임 비 가을걷이

17) '우물에 빠진 사람에게 돌을 던진다'는 뜻으로, 어려운 처지에 놓인 사람을 더욱 괴롭힘을 비유적으로 이르는 말

18) 예전에 사용한 놋쇠로 만든 돈으로, 둥글고 납작하며 가운데에 네모진 구멍이 있음

22) 어떤 일을 기념하기 위해 세운 탑

23) 직장 등에서 맡은 일을 함 비 재직

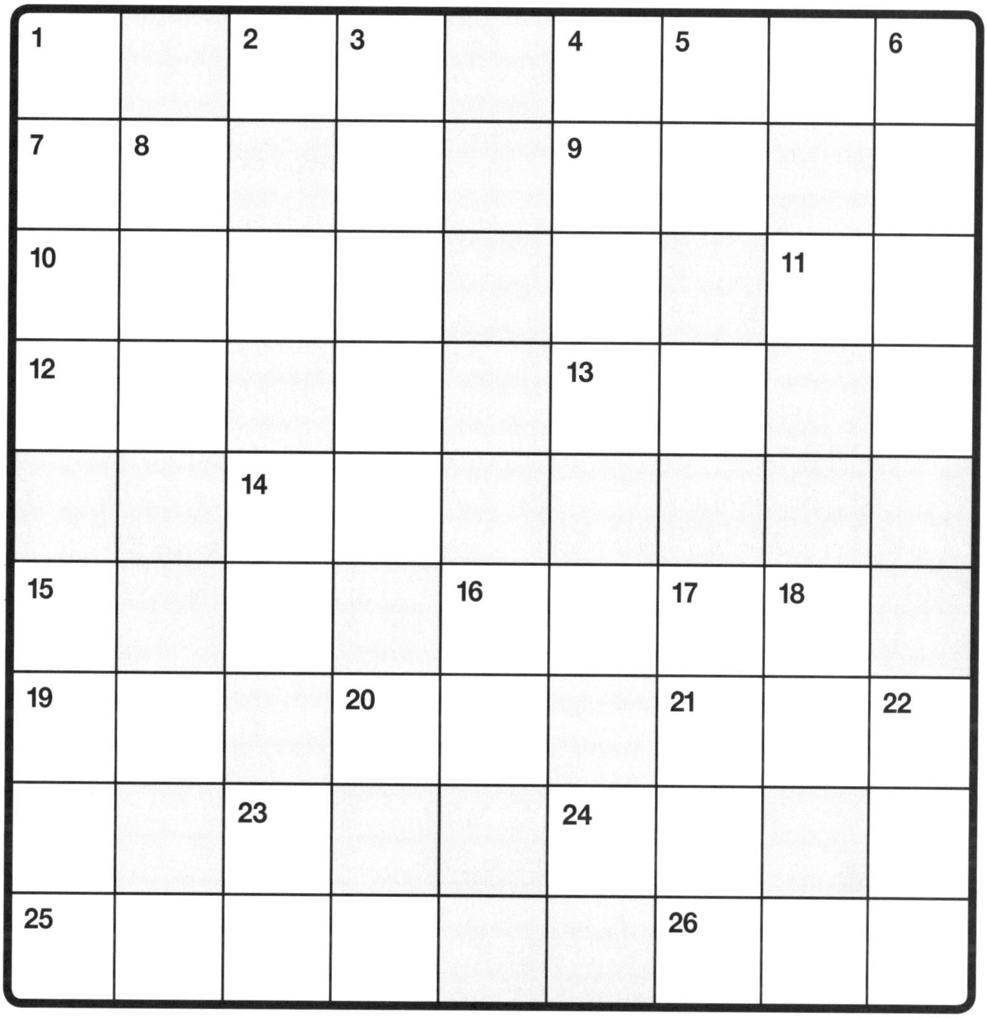
1
2
3
4
5
6
7
8
9
10
11
12
13
14
15
16
17
18
19
20
21
22
23
24
25
26

Vol 27

정답 96쪽

가로 낱말퍼즐

1) 겉은 부드럽고 순해 보이지만 속은 꿋꿋하고 굳셈

4) '바다의 고슴도치'라 불리는 무척추동물로, 젓갈이나 술안주로 인기가 높음

7) 가장 긴요한 기회나 막다른 때의 상황
   (비) 절정 (예) 다행히 위험한 ○○를 넘겼다

8) 식료품이나 일상 잡화를 파는 작은 가게
   (예) 구내○○

10) 업무를 보는 방 (예) 대통령이 ○○○로 출근했다

12) 자신의 세대에서 여러 세대가 지난 뒤의 자녀
    (예) ○○대대로 훌륭한 인물이 많다

14) 돈을 외국 돈이나 소액권 등으로 바꿔 주는 곳
    (예) 여행 가기 전 ○○○에서 달러로 바꿨다

16) '갈고 닦아서 빛을 낸다'는 뜻으로, 학문을 닦고 덕행을 수양하는 것을 이르는 말

19) 눈 속에 핀 매화

21) 호리병박으로 만든 바가지
    (예) ○○○으로 물을 마셨다

23) 손이나 간단한 도구로 물건을 만드는 공예
    (예) 작은 ○○○ 공방을 차렸다

24) 무위자연설을 바탕으로 하는 중국의 토착적인 민족 종교

25) '널리 배우고 많이 안다'는 뜻으로, 견식이 풍부함을 이르는 말

29) 물건을 팔아서 수입을 올리는 것
    (예) 오늘 ○○은 80만 원이다

30) 일이나 권력이 이르지 않는 데가 없음
    (예) 이 지역에서는 그의 힘이 ○○○○하다

세로 낱말퍼즐

1) 조금도 융통성이 없는 고집

2) 미리 준비가 되어 있으면 걱정할 것이 없음

3) 남에게 물건을 억지로 파는 것
   (예) 그 가게는 유난히 ○○가 심하다

5) 한 생물이 가지는 모든 유전 정보 (비) 유전체

6) '잘 드는 칼로 엉킨 삼 가닥을 자른다'는 뜻으로, 복잡한 사안을 명쾌하게 처리함을 이르는 말

9) 시각 장애인들이 손가락으로 더듬어 읽도록 만든 문자

11) 실제로 싸우는 것
    (예) 그는 ○○에 강한 편이다

13) 앞으로 주가가 더욱 하락할 것으로 예상될 경우, 가지고 있는 주식을 매입 가격 이하로 손해를 감수하고 파는 일

15) 사실 또는 상상에 바탕을 두고 허구적으로 이야기를 꾸민 산문체의 문학 형식

17) '책상 위에만 있는 내실 없는 말'이라는 뜻으로, 현실적으로 불가능하면서 그럴 듯한 말로 떠들어대는 것을 이르는 말

18) 좋은 일이 있을 조짐 (반) 흉조

20) 이미 사용한 수돗물을 재활용할 수 있도록 처리하는 시설

22) 이익을 적게 보고 많이 파는 것

25) 동물 가죽을 벗기고 방부 처리를 한 뒤에 살아

1	2		3		4	5		6
7			8	9				
10		11		12	13			
	14		15		16		17	
18			19	20				
21		22				23		
				24				
25			26			27		28
	29			30				

있는 것처럼 만듦

26) 같은 것이 반복되어 물리거나 질림

　🄰 좋아하는 노래도 자꾸 들으니 ○○하다

27) 모든 물질 중 가장 가벼운 기체 원소로, 연소해도
공해 물질을 내뿜지 않아 무공해 에너지원으로
각광받음

28) 예전에 교사 등 특정인에게 잘 봐 달라는 뜻으로
건네던 약간의 돈

정답 96쪽

가로 낱말퍼즐

1) 표를 파는 곳 예 ○○○에서 티켓을 끊었다

4) '입술이 없으면 이가 시리다'는 뜻으로, 밀접한
관계에서 어느 한쪽이 망하면 다른 한쪽도 영향을
받음을 이르는 말

7) 일의 이치를 구별해서 가름

9) 그대로 내버려 둠 예 쓰레기를 무단 ○○하다

10) 말을 부려 마차나 수레를 모는 사람

11) 비과학적이고 비합리적인 것에 마음이 끌려
맹목적으로 믿는 행위

14) 가치가 있는 오래된 기물이나 미술품
예 그는 ○○○을 수집하는 취미가 있다

15) 일 처리가 정당하지 않고 뇌물을 받는 등 썩을
대로 썩음

17) 여러 사항을 모아 일정한 순서로 배열하고 각각에
해설을 붙인 책 예 국어○○

19) 쪼갠 대를 얼기설기 엮어서 만든 옛 침구로,
여름밤에 더위를 식히기 위해 사용함

22) 상대방 남편을 높여 부르는 말

23) 금융 기관 등에서 개인 정보를 알아내 이를
불법적으로 이용하는 신종 사기 수법

24) 높은 산 비 태산

28) '어리석은 질문과 현명한 대답'이라는 뜻으로,
본질을 벗어난 질문에 정확하게 답변할 때
쓰는 말

29) '사슴을 가리켜 말이라 한다'는 뜻으로, 윗사람을
농락하고 권세를 함부로 부리는 것을 이르는 말

세로 낱말퍼즐

1) '죽은 말의 뼈를 산다'는 뜻으로, 귀중한 것을
손에 넣기 위해서는 공을 들여야 함을 이르는 말

2) '겉과 속이 같지 않다'는 뜻으로, 속마음과 다르게
말하거나 행동하는 것을 이르는 말

3) 작게 나눔 예 죽을 ○○해서 용기에 담았다

4) 나라나 도시를 차례로 돌아가며 방문함
예 교황이 인도네시아를 첫 ○○지로 선택했다

5) 못을 박거나 쇠를 세게 두드려 연마하는 공구

6) 한국 고유의 음식 비 양식

8) 특별히 좋은 맛. 또는 그런 음식
예 전어는 지금이 ○○다

12) 콩팥 기능에 장애가 생겨 노폐물이 혈액에

축적되는 것

13) 싸움이나 경기에서 큰 차이로 짐 반 대승

16) 목이 긴 구두 예 겨울에 신을 털 ○○를 장만했다

18) 주로 항공기를 사용해 공중에서 적을 공격하거나
방어하는 군대

19) '죽마를 타고 놀던 친구'라는 뜻으로, 어릴 때부터
함께한 친구를 이르는 말

20) 의과 대학을 졸업하고 의사 면허를 취득한 후
1년간 임상 실습을 받는 전공의

21) 검을 든 두 경기자가 상대를 찌르거나 베는
방법으로 승부를 겨루는 경기

22) 사인이나 손상 등을 밝히기 위해 사후에 시체를

1	**2**	**3**			**4**	**5**		**6**	
7			**8**		**9**				
10			**11**	**12**			**13**		
14				**15**		**16**			
			17					**18**	
19		**20**			**21**		**22**		
				23					
24	**25**					**26**		**27**	
28					**29**				

해부하거나 검진하는 것

23) 개인이 사용하는 소형 컴퓨터를 줄여서 부르는 말

25) 규범에 얽매이지 않고 자유롭게 쓴 글로 소설, 수필 등이 있음 🔁 운문

26) 위인이나 유명인의 말을 모은 기록

27) 말에서 떨어짐

　　🔵 그는 ○○사고로 허리를 다쳤다

정답 97쪽

가로 낱말퍼즐

1) '한평생 손님으로 맞아 예의를 잊지 말아야 한다'
   는 뜻으로, 사위를 이르는 말

4) 끼니를 거름 예 ○○아동 급식비 지원

6) 두 눈썹 사이 예 ○○에 팔자 주름이 생겼다

7) 정해 놓은 좌석 예 열차 ○○○에 앉았다

9) 조선 시대에는 궁중 연회나 행사에서 유흥을
   담당했고, 근대 이후에는 대중 예술인으로 활동한
   여성

11) 길고 납작한 바닷물고기로, 맛이 좋아 차례상에
    찜으로 자주 올림

12) 헌법 해석과 관련한 분쟁을 법적인 절차에 따라
    해결하는 특별 재판소

15) 어느 한쪽을 선택해야 할 상황을 비유적으로
    이르는 말 비 갈림길
    예 성공과 실패의 ○○에 서 있다

16) 중요한 부분만 대략적으로 그린 도면이나 지도
    예 ○○를 보면서 집을 찾았다

19) 아무 소용 없는 물건이나 쓸 만한 능력이 없는

사람을 가리키는 말

21) 오는 사람을 맞으러 나감
    반 배웅 예 공항으로 ○○을 나왔다

22) 척추뼈 가운데 가장 위쪽 목에 있는 일곱 개의 뼈

23) 음식물이나 침이 기관 쪽으로 들어가 갑자기 기침
    하는 증상 예 급하게 먹다가 ○○가 들렸다

24) 지구 내부의 한 곳에서 급격한 움직임이
    일어나 지층이 끊어지면서 흔들리는 현상

26) 조선 후기 실학자 박지원이 지은 한문 단편
    소설로, 호랑이가 인간의 위선을 꾸짖는 내용임

27) 이유나 이치를 근거로 미루어 헤아림
    예 증거를 모아 범인을 ○○하다

28) 일정한 값에서 얼마를 뺌
    예 ○○판매하는 가구를 저렴하게 구입했다

29) 임신 초기부터 출생할 때까지 임신된 개체

세로 낱말퍼즐

1) '흰 눈썹'이라는 뜻으로, 여럿 가운데 가장 뛰어난
   것을 비유적으로 이르는 말

2) 한 해 동안 예 ○○소비량이 증가했다

3) 자기 집을 멀리 떠나 임시로 머무는 곳
   비 타지 반 고향

4) 출석해야 할 자리에 빠짐
   예 감기로 학교에 ○○했다

5) '즐거움은 항상 고생하는 데서 나온다'는 말

8) 도정 공장이라고도 하며, 쌀 찧는 일을
   전문적으로 하는 곳 비 방앗간

9) 눈치가 빠르고 동작이 날렵함
   비 민첩 예 그 아이는 ○○하고 영특하다

10) 물건 가격이 오를 것을 예상하고 차익을 얻기
    위해 물건을 몰아서 사 두는 일 비 매점

12) 신전이나 영전에 꽃을 바침

13) 상품이 팔리는 길이나 방면
    예 수출품의 ○○를 찾고 있다

14) 조선 후기 실학 사상을 집대성한 실학자로,
    『목민심서』를 집필함

17) 지방 자치 단체인 도의 행정 사무를 총괄하는

1	2		3		4			5
6			7	8			9	
		10					11	
12			13			14		
		15				16	17	
	18				19			20
21			22				23	
	24	25			26			
	27			28			29	

광역 자치 단체장 ⑩ 강원도 ○○○를 선출하다

법칙에 모순되지 않는 바른 판단 ⑪ 원리

18) '주머니 속의 송곳'이라는 뜻으로, 뛰어난 재능을 가진 사람은 남의 눈에 띔을 이르는 말

19) '뼈가 없는 것처럼 좋은 사람'이라는 뜻으로, 순해서 남의 비위를 다 맞추는 사람을 이르는 말

20) 물이 떨어지는 힘으로 바퀴를 돌려 곡식을 찧거나 빻는 기구

25) 어떤 명제가 사실에 정확히 맞는 것. 또는 논리

정답 97쪽

가로 낱말퍼즐

1) '크게 놀라 얼굴빛을 잃는다'는 뜻으로, 낯빛이 하얗게 질릴 정도로 놀란 모습

3) 연구 업적이 많은 학자
   예 전 세계 ○○들이 모여 포럼을 열었다

5) 사회적 규범이나 다수 의견에 자신의 행동이나 의견을 맞추는 것

7) 닭이나 날짐승의 먹이
   예 병아리에게 ○○를 주다

8) 조선 시대 정조가 설치한 왕실 도서관이자 학술과 정책을 연구한 기관

11) 다른 조세에 부가해서 부과되는 조세
   예 ○○○ 별도

14) 실내 공기를 깨끗하게 바꾸어 주는 장치
   예 사무실 안에 ○○○를 설치했다

15) 시간이 지날수록 하는 짓이나 겉모습이 우습고 거슬리는 것을 비유적으로 이르는 말

17) 식물이나 농작물이 병균이나 해충으로 입은 손해
   예 ○○○ 예방법

18) 옷감이나 헝겊 등에 여러 가지 색실로 무늬 등을 수놓는 것

21) 경기도 광주시에 있는 조선 시대 산성으로, 병자호란 당시 인조가 이곳으로 피신했으며 2014년 유네스코 세계 문화유산으로 등록됨

23) '나비가 된 꿈'이라는 뜻으로, 물아일체의 경지나 인생의 덧없음을 이르는 말

25) 조상의 신주를 모시는 곳
   예 위패를 ○○에 모시다

26) '중국 초나라 장수 계포가 한 번 한 약속'이라는 뜻으로, 약속을 반드시 지킴을 이르는 말

27) 분한 마음으로 인해 머리가 아프고 가슴이 답답하면서 잠을 이루지 못하는 병

세로 낱말퍼즐

1) 차마 눈뜨고 보지 못할 참상을 비유적으로 이르는 말
   예 사고 현장은 삽시간에 ○○○○으로 변했다

2) 여러 색의 옷감을 잇대거나 여러 색으로 염색해 만들며, 두루마기 소맷감이나 아이 저고리에 씀 예 ○○저고리

4) '쇠귀에 경 읽기'라는 뜻으로, 애써 일러 주어도 이해하지 못함을 이르는 말

6) 부모의 아버지 반 조모

9) 무술할 때 손바닥으로 일으키는 바람

10) 티아민 부족으로 일어나며, 말초 신경에 장애가 생겨 팔다리가 붓고 마비되는 질환

12) 성적을 낼 때 더 주는 점수
   예 성적 우수자에게 ○○을 부여했다

13) 세를 내고 다른 사람의 집이나 방을 빌리는 사람

16) 노래 부르는 것을 업으로 삼는 사람
   예 그는 ○○ 지망생이다

19) 여럿이 몰려다니며 다른 사람의 재물을 빼앗는 무리

20) '한 사람이 소리치면 백 사람이 이에 호응한다'는 뜻으로, 권세가 대단함을 이르는 말

21) 조선 시대 이곳저곳 떠돌아다니며 춤이나 노래

등을 선보인 남자

🖼 그는 ○○○패의 우두머리다

22) 제주도 서귀포시 성산읍에 있는 항구이며 일출봉
으로 유명함

24) 잠자다가 갑자기 일어나서 돌아다니는 등 이상
행동을 보이지만, 다음 날 깨어서는 그런 일을
전혀 기억하지 못하는 병

가로 낱말퍼즐

1) 검술에 능한 사람 예 그는 전설적인 ○○이다
3) 아내의 본가
   예 아내는 오랜만에 ○○에 다녀왔다
6) '돌을 호랑이로 알고 쏘았더니 돌에 화살이 꽂혔다'는 뜻으로, 어떤 일이든 최선을 다하면 이룰 수 있음을 이르는 말
8) 땅속에 묻어 두고, 압력이나 접근을 통한 자극을 받으면 폭발하도록 만든 무기
   예 ○○를 밟아 많은 군인이 다쳤다
9) '한바탕의 봄꿈'이라는 뜻으로, 부질없는 일이나 쓸모없는 생각을 이르는 말
10) 봄 경치가 가장 좋은 음력 3월
11) 금품 등으로 남의 마음을 사서 자기 편으로 끌어 들이는 것
    예 그는 돈으로 정치인을 ○○했다
13) 음력 8월을 달리 부르는 말로 한가위를 뜻함
14) 공무원, 국회 의원 등 공무에 종사하는 사람
    예 고위 ○○○
17) 작품의 내용을 대표하거나 요약해서 붙이는 이름
18) '뼈를 바꾸고 태를 빼낸다'는 뜻으로, 사람이 변해 완전히 딴사람처럼 됨을 이르는 말
20) 미터법에서 쓰는 부피 단위
    예 나는 매일 물 2ℓ를 마신다
22) 푸른 무청이나 배춧잎을 엮어 말린 것
    예 ○○○를 넣어 된장국을 끓였다
23) 원통형의 금속 동체를 두 개의 채로 치는 서양 타악기

세로 낱말퍼즐

1) 검찰권을 행사하는 사법관으로 범죄 수사, 공소 제기, 재판 집행 등을 담당함
   예 ○○가 무기 징역을 구형했다
2) 극장이나 공연장 등에서 관객이 앉는 자리
   비 관람석
4) 봉건 사회에서 가장권의 주체이며, 가족에 대해 절대적인 권력을 가진 사람
5) 아는 것이 전혀 없고 사리에 어두움
7) '책을 묶은 가죽 끈이 세 번이나 끊어졌다'는 뜻으로, 책이 닳을 때까지 읽을 만큼 학문에 열중함을 이르는 말
10) 어른의 나이를 높여서 이르는 말 비 연세
12) 빈혈이나 그 외의 치료를 위해 건강한 사람의 혈액을 환자의 혈관 속으로 주입하는 것
    예 그는 피를 많이 흘려 ○○이 필요하다
13) 판소리나 민요 등에 쓰이는 장단으로, 중모리장단 보다 빠르고 자진모리장단보다 느림
15) 축구 등에서 실수로 자기편 골문에 공을 넣는 것
16) 서로 미워하고 시기하는 눈으로 봄
18) 계절이 바뀌는 시기
    예 ○○○에는 감기에 잘 걸린다
19) 유대인 정신문화의 원천이라 불리며, 사회 전반

1	2			3	4		5	
6		7					8	
			9					
	10						11	12
13			14		15			
		16						
	17			18		19		
20	21							
		22				23		

사상에 대한 유대인 율법학자의 구전과 해설을
집대성한 책

21) 한 어머니가 낳은 자녀 사이의 나이 차
　예 우리 형제는 두 살 ○○이다

가로 낱말퍼즐

3) '월하노인'과 '빙상인'이라는 뜻으로, 중매를 서는 사람을 이르는 말

6) 뼈조직이 엉성해져서 골절이 일어날 가능성이 높은 질환

8) 뇌와 말초 신경을 연결하는 중간 다리 역할을 하며, 척추 내에 있는 중추 신경의 일부분임

10) 나라의 권위나 위력 예 ○○ 선양

11) 스승이 없거나 학교에 다니지 않고 혼자서 공부함
예 나는 영어를 ○○했다

12) 다른 사람에게 영혼이 옮겨 붙음

14) 대학 또는 대학원의 교과 과정 이수 단위

15) 잃어버린 물건
예 지하철 ○○○은 역에서 보관한다

17) 서해 최북단 섬으로, 따오기가 흰 날개를 펼치고 나는 모습처럼 생겼다 해서 이처럼 불림

18) 인원을 늘림 반 감원

20) 조선 인조 14년에 청나라 오랑캐가 침입해 일어난 난리

22) 글씨를 쓴 모양 비 필체

24) 배나 기차 등에서 증기를 내보내는 힘으로 경적 소리를 내는 장치
예 ○○을 울리며 선박이 출발했다

26) '산 입에 거미줄을 치지는 않는다'는 뜻으로, 그럭저럭 먹고사는 것을 이르는 말

27) '나무를 뿌리째 뽑고 물의 근원을 없앤다'는 뜻으로, 나쁜 일의 근본 원인을 모조리 없앰을 이르는 말

세로 낱말퍼즐

1) '뼈를 긁어 독을 치료한다'는 뜻으로, 비장한 각오로 문제를 해결함을 이르는 말

2) 법정 등에서 법률에 따라 진실만을 말하겠다고 선서한 증인이 허위 증언을 하는 것

3) 낚시에서 잡은 물고기가 한 자를 넘을 때 쓰는 말

4) 다른 사람보다 낮은 재주나 솜씨를 지닌 사람
반 고수

5) 지구 같은 행성의 둘레를 돌 수 있도록 로켓을 이용해 쏘아 올린 인공 장치

7) 아무것도 먹지 않아 비어 있는 배
예 이 약은 아침 ○○에 먹어야 한다

9) 진리에 맞는 올바른 도리
예 ○○를 위해 싸우다

12) 물이 얼기 시작하거나 얼음이 녹기 시작하는 온도
비 어는점

13) 이웃에 놀러 다님
예 동생과 옆 동네로 ○○을 갔다

14) 학생 신분으로 전쟁에 참전한 병사

15) 동물의 암컷 체내에서 수정된 알로, 부화하면 새끼가 될 수 있음

16) 물건으로 드러난 증거 반 심증

17) '글만 읽어 얼굴이 창백한 사람'이라는 뜻으로,

세상 물정에 어둡고 경험이 부족한 사람을 이르는 말

19) 한 국가의 최고 지도자나 대외적으로 그 국가를 대표하는 자격을 지닌 사람

21) 국민의 신분 관계를 명확히 하기 위해 호주를 중심으로 그 집에 속하는 사람의 신분에 관한 사항을 기록한 공문서로, 2008년 '가족 관계 등록부'로 대체됨

23) 몸의 부피 🔵 몸집

24) 일이나 사물에서 가장 중요한 밑바탕이 되는 것 🔵 근본

25) 짙은 붉은색 🟢 ○○ 경보가 울리다

정답 98쪽

VOL 34

가로 낱말퍼즐

1) 예전에 서민 사이에서 유행한 실용적인 그림으로, 소박하며 익살스러운 특징이 있음

4) 소라 껍데기처럼 빙빙 비틀게 돌아간 모양
   예 이 건물은 ○○○구조로 지어졌다

7) 납세자가 납세액 전부나 일부를 내지 않는 것

9) 오래전부터 전해 내려오는 이야기로, 자연물의 유래나 신비한 체험 등을 소재로 함

11) '큰 어른 남자'라는 뜻으로, 남자다운 남자를 이르는 말

12) 이른 아침 예 ○○할인

13) 기생 생물에게 영양을 공급하는 생물

14) 상대방을 가운데 두고 양쪽에서 공격함
    예 축구 경기에서 ○○으로 골을 넣다

15) 정계, 재계, 학계 등에서 형성된 사람들 간의 유대 관계

16) 몸에 살이 붙어 뚱뚱한 상태

19) 경제 활동이 좋지 않아 물가와 임금이 내리고 실업이 늘어나는 것 반 호황

20) 우리나라 전통주로, 맑은술을 떠내지 않고 그대로 걸러 짠 술 비 막걸리

22) '신실한 사람에게는 상을 주고 죄가 있는 사람에게는 벌을 준다'는 뜻으로, 상벌을 공정하고 엄중하게 하는 것을 이르는 말

24) '창과 방패'라는 뜻으로, 앞뒤가 맞지 않는 것을 이르는 말

26) 사정이나 형편을 어림잡아 헤아리는 것
    예 그가 지각한 이유가 ○○이 갔다

27) '어진 사람에게는 세상에 적이 없다'는 뜻

28) '근대 조각의 아버지'라 불리는 프랑스 조각가로, 작품에 생명과 감정을 불어넣었다고 평가받음

세로 낱말퍼즐

2) 높이가 다른 둘 이상의 음이 동시에 울릴 때 생기는 소리 예 ○○을 맞추다

3) 속세의 모든 구속과 번뇌에서 벗어나 자유로워진 상태를 뜻하는 불교 용어

5) 실력 이상으로 잘 싸움
   예 월드컵에서 우리 선수들의 ○○을 기대한다

6) '반딧불과 눈빛으로 공부해 이룬 공'이라는 뜻으로, 고생하면서도 부지런하게 공부하는 자세를 이르는 말

8) 공동으로 가족생활하는 집단의 책임자
   비 가구주

10) 먼 윗대의 조상
    예 사당에 우리 집안의 ○○를 모셨다

13) '콩과 보리를 구별하지 못한다'는 뜻으로, 사리 분별이 없고 세상 물정을 모르는 것을 이르는 말

17) 생활하는 데 필요한 갖가지 물건을 파는 장수. 또는 그 가게

18) 다른 사람에게 청해 부탁함
    예 공무원 ○○금지법

21) 어떤 일이나 음모를 꾸미는 우두머리

1	2		3			4	5	6
			7	8			9	
10				11				
12			13				14	
		15			16	17		
18			19					
20	21				22			23
	24	25		26				
27					28			

예 시위 ○○○를 찾아내다

22) 자동차가 다닐 수 있을 정도로 널찍하게 새로 낸 길

23) 무덤에 자란 풀이나 나무를 베어서 깨끗하게
하는 일

예 추석 때 할아버지 산소에 ○○하러 갔다

25) 뿌리가 퉁퉁하며 물이 많고 흰색, 붉은색,
자주색을 띠는 무

정답 98쪽

가로 낱말퍼즐

1) '금으로 된 가지와 옥 같은 잎'이라는 뜻으로, 귀한 자손을 이르는 말
   예) 외동딸을 ○○○○으로 기르다

3) 포도를 발효해 만든 술 비) 포도주

4) 병원체나 종양 세포가 처음 발병한 곳에서 숙주의 다른 부위로 퍼져 처음 발병한 곳과 같은 변화를 일으키는 일
   예) 암세포 ○○를 막기 위해 수술했다

6) 죄인을 가두어 두었던 건물

8) 희망을 버리고 단념함
   예) 그는 시험 결과를 보고 ○○했다

9) 상처를 통해 감염되며, 신경 독소에 의해 몸이 쑤시고 아프며 온몸에 경련이 나타나는 질환

11) 우주 만물을 만든 신

12) 겉은 비슷하지만 속은 완전히 다른 것
    예) 그는 ○○○종교에 빠져 가출했다

13) 원금과 이자를 합친 돈

14) 다른 나라에서 온 사람 비) 외국인

16) 약혼 관계를 깨뜨림
    예) 그 부부는 성격 차이로 ○○했다

18) 지나치게 많이 남기는 부당한 이익 반) 박리

19) 얼굴 모습을 보고 그 사람의 재수나 운명 등을 판단하는 것 예) 그는 참 ○○이 좋다

20) 섣달그믐날 밤 예) ○○의 종소리

21) 반란을 일으킨 군대 예) ○○을 소탕하다

23) 물에 빠져 죽음

24) '남쪽 나뭇가지에 걸린 꿈'이라는 뜻으로, 한때의 헛된 부귀영화나 인생의 덧없음을 이르는 말

세로 낱말퍼즐

1) '금옥 같은 법률'이라는 뜻으로, 귀중히 여겨 꼭 지켜야 할 법이나 규정을 이르는 말

2) 식물의 세포 내 소기관으로 광합성을 담당하는 곳

3) 초고속 무선 인터넷을 이용할 수 있는 근거리 통신망 예) 우리나라는 무료 ○○○○를 쓸 수 있는 곳이 많다

5) 하늬바람 반) 동풍

7) 꽹과리, 징, 장구, 북 등 네 가지 타악기를 치는 놀이

10) 가정이나 병원에서 늘 구비해 두는 약품

12) 사기그릇의 깨진 조각

13) 근본적인 일이나 사건 반) 결과

15) 어느 한 지방에서만 쓰는 말 비) 사투리

17) '같은 잠자리에서 다른 꿈을 꾼다'는 뜻으로, 겉으로는 함께 행동하면서도 속으로는 다른 생각을 하는 것을 이르는 말

18) 사납고 악한 임금
    예) 연산군은 대표적인 ○○이다

20) 제사에 쓰는 그릇
    예) ○○에 과일을 정성껏 담아 올렸다

21) 일정한 방향으로 나아가던 파동이 다른 물체의 표면에 부딪혀 반대로 방향을 바꾸는 현상

1			2			3		
					4			5
6	7		8			9	10	
11					12			
			13					
	14	15			16			17
				18			19	
20			21			22		
		23			24			

22) 축하하는 의미를 담아 부르는 노래

예 합창단이 결혼식에서 ○○를 불렀다

정답 98쪽

가로 낱말퍼즐

1) 『삼국지연의』에서 유비, 관우, 장비가 의형제를 맺은 것에서 비롯되었으며, 뜻이 맞는 사람끼리 목적을 이루기 위해 함께함을 이르는 말

3) 늦은 가을 (비) 계추

6) 이미 결혼함 (반) 미혼

7) 약속을 지키기 위한 담보로 잡아 두는 사람
   (예) 전쟁 때 ○○로 잡혀 죽을 고비를 넘겼다

9) 말이나 행동이 경솔하지 않고 신중함
   (예) 그는 양반처럼 ○○을 부렸다

10) 서울시 송파구 풍납동에 있는 토성으로, 한강 유역에 있는 백제 유적 가운데 최대 규모임

13) 병을 치료하는 기술
    (예) ○○의 발달로 인간 수명도 연장되었다

14) 감염병의 발생이나 유행을 미리 막는 것

15) 상업 활동을 할 때 상인 간 지켜야 할 도의
    (예) 예전 장사꾼들은 ○○를 잘 지켰다

17) 못 쓰게 된 종이 (비) 휴지

19) 토지, 건물 등 움직여 옮길 수 없는 재산
    (예) ○○○ 투기가 극성이다

21) 마음 편히 쉴 수 있는 곳

23) 정해진 기한 안에 하던 일을 끝맺음
    (예) 오늘은 원서 접수 ○○일이다

24) 어려서 부모를 여의는 것

25) 대개 돌로 만들며, 먹을 가는 데 쓰는 문방구

세로 낱말퍼즐

1) 인터넷상의 컴퓨터 주소를 숫자 대신 알기 쉬운 영문으로 표기한 것

2) 전투 경찰 소속과 일반 경찰 소속으로 나뉘며, 병역 의무 기간에 군 복무 대신 업무 보조를 하는 경찰

4) 로마 가톨릭교회에서 교황의 최고 고문이자 교황 다음가는 최고위 성직자 (예) 김수환 ○○○

5) 남을 언짢게 꾸짖거나 비꼬아 꾸짖는 것
   (비) 면박

8) '거친 바람과 화난 파도'라는 뜻으로, 청소년기를 비유할 때 주로 쓰이는 말

9) 천체 현상을 관찰해 개인과 국가의 운명이나 길흉을 점치는 것

11) 어떤 문제를 검토하고 의논함
    (예) 전문가들은 기후 문제에 대해 진지하게 ○○했다

12) '서로 거스르지 않는 친구'라는 뜻으로, 허물 없이 가까운 사이를 이르는 말

14) 전쟁에서 칼이나 화살 등을 막는 데 쓰던 무기

15) '화살에 맞아서 다친 새'라는 뜻으로, 예전에 일어난 일에 놀라서 작은 일도 의심하고 두려워함을 이르는 말

1			2			3	4	
				5			6	
7	8		9					
	10		11					12
		13				14		
15				16		17		
	18		19		20			
	21	22			23			
24				25				

16) 일본에서 발달했으며, 밀가루로 면을 만들어　　　　　　하는 여성
　　먹는 요리 ⟪비⟫ 가락국수

18) 제국주의 점령기에 일본군을 위해 강제로
　　끌려간 우리나라 여성

19) 석가모니의 다른 이름. 또는 불도를 깨달은 사람

20) 산등성이에서 가장 높은 곳
　　⟪예⟫ ○○○에 올라 해돋이를 보다

22) 다른 사람 집에 고용되어서 주로 부엌일을

정답 98쪽

가로 낱말퍼즐

1) 이름과 실상이 서로 잘 부합하는 것
   예 그는 ○○○○한 우리나라 대표 축구 선수이다
5) 아내가 남편 없이 홀로 지내는 것
7) 어떠한 물건을 보면 가지고 싶은 욕심이 생김
8) 일정한 직업이 없는 사람
10) 모기나 나방 등의 벌레가 들어오지 못하도록
    치는 그물 예 창문에 ○○○을 치다
12) 관광지 등에서 낮은 곳에서 높은 곳, 또는 높은
    곳에서 낮은 곳으로 사람을 태워 나르는 의자
    형식의 탈것
14) 역사, 예술, 학술 등에 관한 여러 자료를 수집 및
    보관하고 전시하는 시설 예 민속 ○○○
16) 자동차나 장비 등을 장기간 임대하는 제도
    예 업무용 차를 ○○했다
18) 밤 경치
    예 남산 위에 올라가 서울 ○○을 감상했다

20) 일본에서 처음 사용된 말로, 특정 분야에 마니아
    이상으로 심취한 사람
21) 이 세상에 태어나기 이전의 생애
    예 우리는 ○○에 인연이 있었던 듯하다
22) 같은 나이 예 남편과 나는 ○○이다
24) 상품의 원가와 판매가의 차이 비 이윤
27) 어떤 일을 일으키거나 변하게 하는 계기를
    비유하는 말 예 그는 화해의 ○○○역할을 했다
29) 사실을 있는 그대로 솔직하게 이야기함
30) 품을 사거나 팔 때 주고받는 돈 비 품삯

세로 낱말퍼즐

1) '만 리 밖의 일을 훤하게 안다'는 뜻으로, 관찰력
   이나 판단력이 날카롭고 정확함을 이르는 말
2) 실제로 존재하는 사람이나 물건
   예 사진보다 ○○이 훨씬 낫다
3) 둘 이상이 서로 북돋우며 더불어 살아가는 것
4) 운동 경기에서 주심을 보좌하는 심판
5) 극에서 배우가 상대역 없이 혼자 대사를 말하는 것
   비 모놀로그
6) '소매에 손을 넣고 곁에서 보기만 한다'는 뜻으로,
   간섭하거나 거들지 않고 그대로 내버려둠을
   이르는 말

9) 여행시 일반 가정집에서 묵는 것. 또는 그런 집
11) 렌즈나 반사경을 여러 개 조립해 멀리 있는
    물체 등을 크고 정확하게 보도록 만든 장치
13) 세 사람이 함께 서로 다른 세 가지의 악기를
    연주하거나 노래하는 것
15) 논에 물이 넘나들도록 만든 어귀. 또는 어떤 일의
    시작을 비유하는 말
    예 드디어 남북 화해의 ○○를 트다
17) 육상 경기에서 출발을 뜻하는 말
18) 산이나 들에서 자란 말
    예 ○○○는 길들이기가 어렵다

1	2	3	4		5	6		
7					8			
			9		10		11	
12		13		14	15			
	16	17				18		
19	20				21			
22				23		24	25	
	26		27		28			
29				30				

19) '크게 보면 같고 작은 차이만 있다'는 뜻으로, 별다른 차이 없이 유사함을 이르는 말 예 두 사람의 실력이 ○○○○하다

23) 일반인에게는 팔지 않는 물건

25) 풀, 나뭇잎, 나뭇가지에 붙어서 진을 빨아 먹는 곤충

26) 일정한 직업을 잡아 직장에 나가는 것 반 실직

28) 물건의 가치에 맞는 가격

예 좋은 상품이라서 ○○을 주고 샀다

정답 99쪽

가로 낱말퍼즐

1) 해발 600미터 이상의 높고 한랭한 지대
   예 ○○○에서 재배한 배추

3) '하늘의 명을 알았다'는 뜻으로, 50세를 비유해 이르는 말

6) 일반 파면이 어려운 대통령, 국무 위원 등을 국회에서 소추해 해임하거나 처벌하는 것

7) 범죄 피해자나 법정 대리인이 수사 기관에 범죄 사실을 적어서 제출하는 서류

9) 부담을 덜거나 면제해 줌
   예 장마로 인해 그 지역 세금을 ○○했다

10) 말을 탐 예 ○○자세

11) 피부 일부가 부르터 오르고 그 속에 물이 고인 것
    비 수포

12) '하나도 아니고 둘도 아니다'는 뜻으로, 같은 일이나 현상이 수없이 많음을 이르는 말

14) 조선 후기 실학자 이중환이 쓴 지리책으로, 지형과 풍토부터 고사와 인물까지 상세하게 기록함

16) 심부름 간 사람이 오지 않거나 회신이 늦는 경우를 이르는 말

18) 퇴근 시간을 넘겨 늦게까지 일하는 것
    예 ○○수당

19) 13~15세기 몽골 초원에서 활동하던 부족이자 칭기즈 칸에 의해 세력이 커져 원 제국을 이루었던 국가

21) 말이 없음 비 묵언 예 ○○의 압력을 받다

23) 어떤 일을 하는 데 적합한 성질이나 적응 능력
    예 ○○에 맞는 일을 드디어 찾았다

24) 소나 말의 힘을 이용해 논밭을 가는 기구

26) 책을 지은 사람 비 글쓴이

27) 소의 뿔 비 우각

28) 잠잘 때 사용하는 이불과 요 등의 침구
    예 아침에 일어나 ○○○○를 걷었다

세로 낱말퍼즐

1) '쓴 것이 다하면 단 것이 온다'는 뜻으로, 힘들고 어려운 일을 겪은 뒤에는 즐거운 일이 옴을 이르는 말

2) 잘못을 지적해 비난하는 것
   예 사회적으로 ○○받아 마땅하다

4) '하늘은 높고 말은 살찐다'는 뜻으로, 가을은 날씨가 매우 좋은 계절임을 이르는 말

5) 아름다운 경치나 고적 등으로 이름난 곳
   예 관광 ○○를 찾아 구경하다

8) 사기, 횡령 등 불법 행위로 취득한 남의 물건

10) 해마다 돌아오는 제삿날
    예 며칠 뒤면 할머니 ○○이다

12) '꿈이 아닌 듯도 하고 꿈인 듯도 하다'는 뜻으로, 몽롱해서 어렴풋한 상태를 이르는 말

13) 정보 통신망을 이용해 회사로 출퇴근하지 않고 집에서 업무를 보는 것

15) 몸이 가늘고 긴 절지동물로, 여러 마디로 이루어져 마디마다 한 쌍의 발이 있음. 흙 속에

1		2		3	4	5		
		6			7		8	
9				10			11	
		12			13			
					14		15	
16	17			18				
		19	20		21	22		
23			24	25		26		
	27		28					

살며 사람을 물기도 함

17) 나라나 집안 등이 융성했다가 망하고 다시 흥하는
것처럼 계속 순환하고 반복됨을 이르는 말

20) 한복에 입는 여름용 여자 속옷

22) 주위 부근

   🔵 중심 🟢 무릎 ○○○에 종기가 생겼다

25) 돈이나 물건 등을 아무런 대가 없이 내놓는 것

   🟣 그 연예인은 ○○천사로 유명하다

정답 99쪽

가로 낱말퍼즐

1) '이를 갈고 마음을 썩인다'는 뜻으로, 몹시 슬프고 분한 상태를 이르는 말

4) 일이나 사건을 풀 수 있는 첫머리 🔵 실마리

7) 두 팔과 두 다리
🔵 그는 다행히 ○○멀쩡하게 집으로 돌아왔다

9) 명나라 이후 여진족 누르하치가 여러 부족을 통일해 세운 중국의 마지막 왕조

10) 수량을 헤아리거나 부피, 무게 등을 재는 기구
🔵 검침원이 수도 ○○○를 점검하고 갔다

11) 일정한 급료 외에 정기 또는 수시로 지급되는 보수 🔵 가족 ○○

13) 아무런 관계가 없거나 잘못이 없는 사람
🔵 괜히 ○○○을 잡는다

14) 집안에 사고가 생겨 겪는 근심이나 걱정
🔵 사업 실패 후 ○○이 생겼다

17) 개인이나 단체 등을 도와주기 위해 내는 돈

18) '자기 몸을 상하게 하며 짜내는 계략'이라는 뜻으로, 어려움을 벗어나기 위해 어쩔 수 없이 쓰는 방책을 이르는 말

20) 한국 사람이 가장 많이 먹는 조개로, 국물을 내는 데 주로 사용됨 🔵 ○○○칼국수

22) 신라 제24대 왕으로, 정복 활동을 통해 한강 유역을 차지하고 화랑도를 창설해 삼국 통일의 기반을 마련함

25) 찬물 🔴 온수

26) 온 힘을 다해 나아감 🔵 학문에 ○○하다

27) 한 고장에서 태어나 계속 산 사람
🔵 그는 서울 ○○○다

세로 낱말퍼즐

2) 사람을 죽음에 이르게 할 정도의 약물량

3) '수를 알지 못한다'는 뜻으로, 셀 수 없을 만큼 많은 양을 이르는 말

5) 누군가를 청해 부름 🔵 명사 ○○강연

6) 사슴과 중 하나로 우리나라에서 자주 볼 수 있는 야생 포유동물

8) 테니스, 배구, 탁구 등에서 승패를 가르는 마지막 한 점을 남겨 놓고 동점인 상황

10) '닭의 부리가 될지언정 소의 꼬리가 되지 말라'는

뜻으로, 큰 집단의 말석보다는 작은 집단의 우두머리가 나음을 이르는 말

12) 정규 업무 시간 외에 비상 상황을 대비해 당번을 배치하는 근무 🔵 주말 저녁에 ○○을 섰다

13) 삶과 죽음, 괴로움과 즐거움을 이르는 말

15) 본래의 상태로 되돌아감

16) 어떤 현상을 한눈에 알아보기 쉽게 일정한 체계에 따라 숫자로 나타낸 것 🔵 인구 ○○자료

19) 빗물이 스며들어 땅속에 고여 있는 물

1	2	3			4	5		6
	7			8		9		
10								
		11	12		13			
14	15							16
17					18		19	
			20	21				
22	23	24				25		
	26			27				

예 그 지역의 ○○○가 오염되었다

21) 종이와 점토 등을 섞어서 만든 공예 재료

예 ○○○로 인형을 만들었다

23) 물건을 사고팔기 위해 품질이나 가격 등을 논의함

예 그는 여행지 상점에서 ○○을 잘한다

24) 의사가 환자가 있는 곳으로 가서 진찰하는 것

25) 봄의 대표적인 식재료로, 향긋한 향이 나며 주로 국으로 끓여 먹음

정답 99쪽

가로 낱말퍼즐

1) 자신의 잘못이나 실수에 대해 구실을 대며 까닭을
   말하는 것 예) 그는 매번 ○○을 늘어놓는다

3) 인간의 지적 활동으로 인해 발생하는 모든
   창작물에 대해 법이 부여한 권리

6) 중국 특산 소주로, 수수를 원료로 해 빚으며
   알코올 농도는 60% 내외임

8) 물이 흘러 나오는 근원. 또는 사물의 근원
   예) 전쟁 위험을 ○○봉쇄하다

9) 바다에서 벌이는 전투
   예) 이순신은 노량 ○○에서 승리와 함께 전사했다

11) 인격권의 하나로, 자기의 초상이 허가 없이
    전시되거나 게재되지 않을 권리

13) 사실과 다르게 전하는 것
    예) 소문이 ○○되어서 곤란해졌다

14) 죄를 용서하고 형벌을 면해 줌
    예) 대통령 특별 ○○

15) 눈앞. 또는 곧 다가올 앞날
    예) 수능이 ○○으로 다가왔다

17) 시원한 곳으로 옮겨 더위를 피함
    예) 바다로 ○○를 떠났다

18) 여러 사람에게 알리기 위해 벽이나 게시판에
    붙이는 글

19) 어떤 일을 하기 위한 발판을 비유하는 말
    예) ○○○를 확보하다

21) 물질적, 정신적으로 해를 입는 것 반) 이익

22) 재주와 지혜가 뛰어난 아이
    예) 모차르트는 어릴 때부터 ○○으로 유명했다

24) '모래 위에 세운 누각'이라는 뜻으로, 기초가 약해
    오래가지 못하는 것을 이르는 말

27) 성질이 사납고 독살스러움
    예) 놀부는 ○○한 성격의 대명사다

28) 길게 삶 반) 요절

29) 어떤 자리에 공식적으로 초대받아 온 사람
    예) ○○여러분께 감사드립니다

세로 낱말퍼즐

1) 예상하지 못한 재앙이나 사고

2) 1597년 이순신 장군이 울돌목의 특성을 이용해
   13척의 배로 133척의 일본 수군을 물리친 해전

4) 재주가 많은 젊은 여성
   예) 그녀는 의과 대학을 수석으로 입학한 ○○이다

5) '산, 내, 풀, 나무'라는 뜻으로, 자연을 이르는 말

7) 중심이 되어 싸움. 또는 그런 사람
   예) 이번 경기에 ○○으로 뽑혔다

10) '쇠로 만든 낯가죽'이라는 뜻으로, 유달리 뻔뻔한
    사람을 이르는 말

12) '뽕나무 밭이 푸른 바다가 되었다'는 뜻으로,
    세상이 몰라볼 정도로 변함을 이르는 말

13) 전력의 단위로, W로 표시하며 1초 동안에
    소비하는 전력 에너지

16) 글의 첫머리. 또는 맨 처음을 뜻하는 말
    예) 새해 ○○부터 기쁜 소식이 들려왔다

19) 서로 가르치고 배우면서 성장함

20) 1395년 조선 태조 때 건립된 종각. 서울시

종로구에 있으며 '제야의 종' 타종 행사 장소로
유명함

21) 손바닥에 줄무늬 모양으로 난 금
23) 여행을 다녀온 뒤 생긴 피로나 병
   예 아직 ○○이 풀리지 않았다
25) 물이 새는 것 예 수도관이 ○○되어 교체했다
26) 청렴하면서 재물에 대한 욕심이 없어 가난함
27) 다른 사람의 저작물 일부 또는 전부를 몰래

따다 씀
예 그 노래는 ○○시비에 휘말렸다

정답 99쪽

퍼즐북

두뇌 트레이닝
가로세로
낱말퍼즐
Puzzle

정답

VOI 1

¹반	신	²반	³의		⁴경		⁵모	⁶독
려		⁷포	수		⁸복	리		립
자		지		궁		⁹백	신	
	¹⁰원	효	대	¹¹사		¹²동		문
¹³함	정		¹⁴필	부	지	¹⁵용		
자	¹⁶좌		귀		¹⁷두	엄		
¹⁸목	불	¹⁹식	정	²⁰고	사			
²¹허	²²안	도	²³미		²⁴미	²⁵로		
²⁶망	주	석	²⁷서	동	요		고	

VOI 2

¹섬	²섬	옥	수		⁴자	격	지	심
	진		질		전			
⁵소	강		⁶오	륜		⁷인	당	⁸수
생		⁹수	염			지		심
	¹⁰소	비		¹¹동	병	상	련	
¹²염	탐		¹³개	방		정		¹⁴시
	¹⁵대	설		¹⁶견	본		¹⁷광	야
¹⁸손	실		¹⁹인	문		²⁰기	우	
위	²¹한	중	록			²²병	마	

VOI 3

¹비	지	²국		³홍	⁴범	도
례	⁵신	세	⁶계	⁷수	칙	
부	생	백		⁸금	⁹실	
¹⁰동	¹¹경	대	¹²전	¹³경	품	록
	어	¹⁴자	명	종	¹⁵연	
¹⁶메	¹⁷겸	상		¹⁸입	체	¹⁹파
²⁰타	계	²¹거	목	씨		죽
버		래	²²소	름		지
²³스	쿨	존	²⁴내	외	²⁵연	세

VOI 4

¹허	²공		³호		⁴카	⁵누		⁶가
	⁷연	⁸목	구	⁹어		¹⁰리	허	설
¹¹쓰		적		¹²부	¹³등	호		
나		¹⁴지	¹⁵피	지	기		¹⁶입	춘
¹⁷미	¹⁸상		¹⁹의	리			신	
	²⁰사	군	자		²¹일	거	양	²²득
²³파	병		²⁴고	심		²⁵명	의	
스		²⁶요	지	부	동		양	
²⁷칼	바	람		²⁸체	벌		양	

[1]아	전	[2]인	수		[3]이	구	[4]동	[5]성
집		사		[6]이	슬		[7]고	금
		[8]청	출	어	람		동	
[9]등	용	문		도		[10]가	락	[11]지
화		[12]회	[13]상		[14]인	재		장
가			[15]투	[16]사		[17]도	[18]매	
[19]친	[20]일	[21]파		경		[22]구	제	[23]역
	[24]가	업			[25]헌			모
[26]사	족			[27]촉	법	소	년	

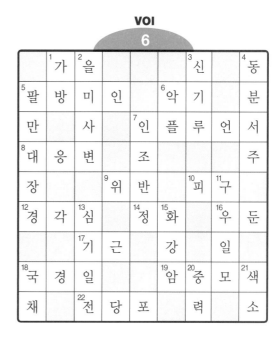

	[1]가	을			[3]신			[4]동
[5]팔	방	미	인		[6]악	기		분
만		사		[7]인	플	루	언	서
[8]대	응	변		조				주
장			[9]위	반		[10]피	[11]구	
[12]경	각	[13]심		[14]정	[15]화		[16]우	둔
		[17]기	근		강		일	
[18]국	경	일			[19]암	[20]중	모	[21]색
채		[22]전	당	포		력		소

[1]스	모	킹	[2]건		[3]감	[4]언	이	[5]설
시			[6]곤	[7]지		택		경
	[8]십	[9]시	일	반		[10]트	[11]집	
[12]나		[13]기	척		[14]삼		[15]시	[16]숙
[17]노	벨	상		[18]대	국			청
		[19]조	[20]삼	모	사		[21]회	
[22]오	[23]미	신		[24]기	[25]성	복		
[26]마	천	[27]루	[28]꽃		가			[29]업
주		[30]머	리	말		[31]대	들	보

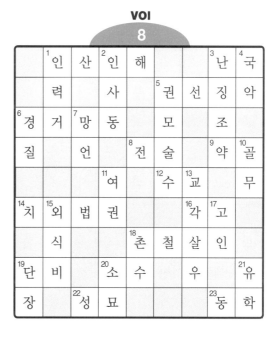

	[1]인	산	[2]인	해			[3]난	[4]국
	력		사		[5]권	선	징	악
[6]경	거	[7]망	동		모			조
질		언		[8]전	술		[9]약	[10]골
			[11]여		[12]수	[13]교		무
[14]치	[15]외	법	권				[16]각	[17]고
식				[18]촌	철	살	인	
[19]단	비	[20]소	수		우			[21]유
장		[22]성	묘				[23]동	학

¹고	²주	³마	간	⁴산		⁵결
노		⁶검	수		⁷삼	⁸고 초 려
⁹담	력		¹⁰보		¹¹가	보
화		¹²배	수	¹³진		¹⁴은 ¹⁵사
	¹⁶치	은		¹⁷시	¹⁸세	리
¹⁹오	매	불	망	²⁰황	금	²¹기
리		²²덕	²³담		²⁴성	군
²⁵무	명	²⁶지		²⁷보	²⁸편	세
중		²⁹혈	육	³⁰파	안	대 소

고노담화 / 주마간산 / 검수 / 삼고초려 / 담력 / 보가보 / 배수진 / 은사 / 치은 / 시세 / 오매불망 / 황금기 / 성군 / 덕담 / 무명지 / 보편세중 / 혈육 / 파안대소

VOI 9

¹수	²어 지	³교		⁴과	⁵반 수	
⁶오	보	⁷언 중 유 골				⁸공
지		⁹허 영		불		¹⁰중 매
¹¹심	¹²중	색		¹³급 소		도
	류				¹⁴명	
¹⁵맥	수	¹⁶지	¹⁷탄	¹⁸사 미 인	¹⁹곡
박		²⁰능 소 능 대			선
		중		²¹문	²²맹	미
²³자	주 독 립			²⁴신 참	

수어지교 / 과반수 / 오보 / 언중유골 / 공 / 허영 / 중매 / 심중 / 급소 / 맥수지탄 / 사미인곡 / 능소능대 / 문맹 / 자주독립 / 신참

VOI 10

¹호	가	²호	³위		⁴홍	⁵역		⁶각
연		⁷사	헌	⁸부		⁹전	신	주
¹⁰지	게			¹¹고	¹²전			구
기		¹³안	¹⁴개		¹⁵구	¹⁶밀	¹⁷복	검
	¹⁸고	분	벽	¹⁹화		²⁰사	제	
²¹푸		지		²²근	²³퇴			²⁴명
²⁵딩	²⁶크	족			직		²⁷묘	약
	레		²⁸연	말	연	²⁹시		관
³⁰낙	인		착		³¹금	상	첨	화

호가호위 / 홍역 / 각 / 사헌부 / 전신주 / 지게 / 고전 / 안개 / 구밀복검 / 고분벽화 / 사제 / 푸딩 / 근퇴 / 명 / 크족 / 묘약 / 연말연시 / 낙인 / 금상첨화

VOI 11

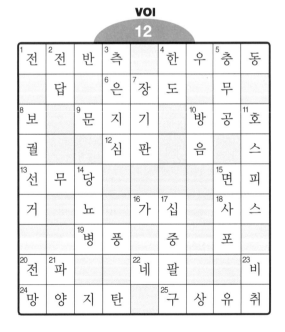

¹전	²전	반	³측		⁴한	우	⁵충	동
	답		⁶은	⁷장	도		무	
⁸보		⁹문	지	기		¹⁰방	공	¹¹호
궐			¹²심	판		음		스
¹³선	무	¹⁴당					¹⁵면	피
거		뇨		¹⁶가	¹⁷십		¹⁸사	스
		¹⁹병	풍		중		포	
²⁰전	²¹파			²²네	팔			²³비
²⁴망	양	지	탄		²⁵구	상	유	취

전전반측 / 한우충동 / 정답 / 은장도 / 보궐 / 문지기 / 방공호 / 심판 / 음 / 선무당 / 면피 / 거뇨 / 가십 / 사스 / 병풍 / 전파 / 네팔 / 비 / 망양지탄 / 구상유취

VOI 12

92

VOI 13

[1]중	[2]절	모	[3]프	리	마	[4]돈	[5]나
[6]언	약		리		취		토
부		[7]파	[8]시	즘		[9]제	[10]부
[11]언	[12]문	종			[13]화	형	
	[14]전	태	일	[15]김	뇌		
[16]인	성	관	[17]홍	길	동	[18]전	
	[19]시	[20]호	[21]인	도			심
[22]심	신	건			[23]상	전	
[24]연	금	술	[25]비	단		[26]권	력

VOI 14

[1]갈	[2]이	[3]천	정	[4]불		[5]고	[6]서
[7]무	국	적		[8]혹	[9]세	무	민
리		[10]절	[11]기		[12]도	래	
[13]이		[14]우	의	정			[15]화
[16]포	괄	[17]수	가	제	[18]치	[19]사	랑
[20]수	의	사		[21]양	[22]절	도	
	난	[23]부	커	상		단	
[24]기	[25]양		[26]군	[27]대		[28]도	
[29]소	독	약		[30]자	승	자	박

VOI 15

[1]공	[2]천		[3]작	[4]심	삼	[5]일	
[6]중	지	[7]잉		지		구	
누		[8]여	[9]의	[10]주	[11]이	월	
[12]각	설	[13]이	[14]구	경		심	
	심	[15]심	야		[16]난		
[17]주	객	전	[18]도	[19]독	[20]야	청	[21]청
마	[22]심	포	[23]니	당		운	
[24]가	명		[25]체	[26]불	[27]교	만	
편	[28]컬	링	[29]법	정	관	리	

VOI 16

[1]천	리	[2]안	[3]사	[4]면	초	가	
재	타		[6]인	세		[7]화	석
일		[8]연		[9]기	만		
[10]우	[11]공	이	산	[12]지	[13]사	[14]관	
	금	[15]군	소	리	[16]성	우	
[17]운		[18]산	[19]새				
[20]칠	[21]기	[22]송	진	[23]옹	기		
[24]기	[25]고	만	장	[26]대	지	[27]연	
삼	조		[28]한	마	지	로	

VOI 17

노[1]	심	초[2]	사	수[3]	주	대[4]	토[5]
리	지		논[6]	문		동[7]	성
개[8]	기[9]	일	식			기[10]	여
	상[11]	관	팝[12]	콘[13]		지[14]	문
	청		매[15]	서		도	
곡[16]		토[17]	너	먼[18]	트		중[19]
학[20]	비[21]		동		산[22]		구
아[23]	리	아[24]		다[25]	사	다	난
세	군[26]	살		도[27]	태		방

VOI 18

간[1]	담	상[2]	조[3]			소[4]	문[5]
	부[6]	기	임[7]	기			경
개[8]	근	상		티[9]	오	교[10]	지
성		조		군		외[11]	교
공[12]	양[13]		김[14]	영[15]	란	법[16]	
단[17]	약			구		전[18]	등[19]
	고[20]	종[21]		차[22]	원[23]		고
송[24]	구	영	신[25]	근[26]	묵	자	흑[27]
금			변[28]	증	법	비[29]	자

VOI 19

괄[1]	시[2]		장[3]	풍[4]	전[5]	등	화[6]
목[7]	차		단[8]	골[9]		우	룡
상		자[10]		병[11]	법		점
대[12]	의[13]	명	분		사[14]	오[15]	정
	금[16]	고		성[17]	자		륜
양[18]	부		오[19]	장	헛[20]	기[21]	침
두		몽[22]	타	주			소
구[23]	식[24]				미[25]	아[26]	봉
육[27]	순		히[28]	잡	첨[29]	성	대

VOI 20

타[1]	산[2]	지	석	난[3]	공	불[4]	락
구[5]	전			처[6]	형	면	
	수[7]	호[8]	신		난	증[9]	오[10]
	전[11]	사		수[12]	제	비	월
장[13]		다[14]	슬	기		입[15]	동
마[16]	그[17]	마			등[18]	산[19]	주
	래		야[20]			궁[21]	정[22]
골[23]	프		영[24]	감[25]	수[26]	전	노[27]
수			청[28]	사	진		쇼

VOI 21

[1]삼		[2]비	문	[3]기				[4]손
[5]매	[6]점	[7]매	석		[8]개	권	[9]유	익
[10]경	술	국	치		과		[11]인	분
		[12]노	기	[13]충	천		[14]원	기
[15]삼	[16]수			[17]만	선			점
[18]인	류	[19]애				[20]온	[21]반	
[22]성	탄	절		[23]모		[24]고	려	[25]장
호			[26]결	자	[27]해	지		승
	[28]안	중	근		[29]독	신	자	

VOI 22

[1]수	렴	[2]청	[3]정		[4]면	[5]역		[6]위
불		[7]산	수	[8]화		[9]지	평	선
석		리		[10]투	[11]우	사		자
권		[12]전	세		[13]체	지	[14]방	
		[15]감	투		[16]먹	통	[17]파	[18]손
[19]역	정		[20]경	보		[21]수	제	자
		[22]노	[23]인		[24]곡	성		
[25]성	동	[26]격	서				[27]성	[28]징
[29]서	자	[30]명	란	젓			[31]인	수

VOI 23

[1]가	연	성	[2]가	해	[3]자	[4]사
스		[5]장	계	[6]학	익	진
라		[7]가	부	[8]좌		기
[9]이	유	[10]식		[11]정	족	[12]수
팅		[13]성	함	관	리	
	[14]내		[15]천	[16]인	공	[17]노
	[18]로	열	[19]티	주		이
[20]장	남	[21]눈	[22]썰	[23]미	[24]허	무
[25]원	불	교	[26]매	물	[27]상	공

VOI 24

[1]문	[2]필	[3]가	[4]기	[5]자	[6]철	[7]학
[8]일	사	불	란	[9]부	[10]황	수
지			[11]심	사	[12]숙	고
[13]십	[14]장	[15]생			[16]박	대
[17]대	경	[18]실	[19]색		[20]보	
[21]식	비	[22]사	인		조	[23]이
자	[24]시	구		[25]개	울	목
우	[26]사	시	나	[27]무		지
[28]환	갑		[29]교	우	이	신

VOI 25

[1]일	[2]벌	[3]백	계		[4]명	불	[5]허	[6]전
	[7]목	사		[8]미	사		[9]위	염
[10]콜		장		[11]십	대			
[12]라	인		[13]가	[14]시	리		[15]엔	[16]저
주		[17]메	세	나				승
	[18]설			브		[19]넉	[20]살	
[21]일	상		[22]로	비		신		
[23]대	가		[24]과		[25]지	성	[26]인	
[27]기	상	천	외		[28]목	불	인	견

VOI 26

[1]견	[2]인		[3]거	란		[4]심	미	[5]안
[6]원	두	[7]막			[8]연	금		하
지		[9]부	[10]의	[11]금				무
[12]간	신		[13]인	명		[14]발	[15]신	인
		[16]사		[17]간	주		탁	
[18]전	[19]화	[20]위	복			[21]성		[22]와
[23]광	산		병		[24]분	골	쇄	신
석		[25]이		[26]가	식			상
[27]화	전	민		장		[28]채	근	담

VOI 27

[1]일		[2]마	[3]비		[4]백	[5]골	난	[6]망
[7]석	[8]상		례		[9]절	절		망
[10]이	소	성	대		불		[11]성	대
[12]조	문		표		[13]굴	레		해
		[14]축	제					
[15]명		배		[16]추	풍	[17]낙	[18]엽	
[19]성	에		[20]훈	수		[21]정	전	[22]기
황		[23]근	안		[24]영	하		념
[25]후	안	무	치		[26]석	가	탑	

VOI 28

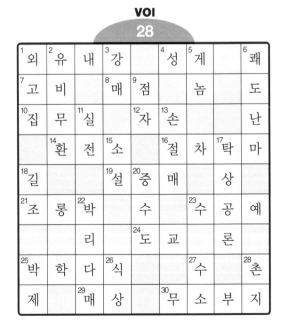

[1]외	[2]유	내	[3]강		[4]성	[5]게		[6]쾌
[7]고	비		[8]매	[9]점		놈		도
[10]집	무	[11]실		[12]자	[13]손			난
	[14]환	전	[15]소		[16]절	차	[17]탁	마
[18]길			[19]설	[20]중	매		상	
[21]조	롱	[22]박		수		[23]수	공	예
		리		[24]도	교		론	
[25]박	학	다	[26]식			[27]수		[28]촌
제		[29]매	상		[30]무	소	부	지

¹매	²표	³소		⁴순	⁵망	치	⁶한
⁷사	리	분	⁸별		⁹방	치	식
¹⁰마	부	¹¹미	¹²신			¹³대	
¹⁴골	동	품	¹⁵부	정	¹⁶부	패	
		¹⁷사	전		츠		¹⁸공
¹⁹죽	부	²⁰인		²¹펜		²²부	군
마		턴	²³피	싱		검	
²⁴고	²⁵산		시		²⁶어		²⁷낙
²⁸우	문	현	답	²⁹지	록	위	마

¹백	²년	지	³객		⁴결	식		⁵낙
⁶미	간		⁷지	⁸정	석		⁹기	생
			¹⁰사	미			¹¹민	어
¹²헌	법	¹³재	판	소		¹⁴정		우
화		¹⁵기	로		¹⁶약	¹⁷도		
	¹⁸낭			¹⁹무	용	지	²⁰물	
²¹마	중		²²경	추	골		²³사	레
	²⁴지	²⁵진			²⁶호	질		방
	²⁷추	리		²⁸할	인		²⁹태	아

¹아	연	실	²색	³석	학		⁴우
비		⁵동	⁶조			⁷모	이
⁸규	⁹장	¹⁰각	¹¹부	¹²가	¹³세		독
¹⁴환	풍	기		¹⁵점	입	¹⁶가	경
	¹⁷병	충	해		¹⁸자	수	
	¹⁹불			²⁰일			
²¹남	한	산	²²성	²³호	접	지	²⁴몽
²⁵사	당		산		백		유
당		²⁶계	포	일	낙	²⁷화	병

¹검	²객		³처	⁴가		⁵무	
⁶사	석	⁷위	호		부	⁸지	뢰
		편		⁹일	장	춘	몽
	¹⁰춘	삼	월			¹¹매	¹²수
¹³중	추	절	¹⁴공	직	¹⁵자		혈
중		¹⁶반			살		
모	¹⁷제	목		¹⁸환	골	¹⁹탈	태
²⁰리	²¹터	질		절		무	
	울	²²시	래	기		²³드	럼

VOI 33

[1]괄		[2]위	[3]월	[4]하	빙	[5]인	
[6]골	다	[7]공	증	[8]척	수		공
요		복	[9]정		[10]국	위	
[11]독	학	[12]빙	의	[13]마		성	
	[14]학	점	[15]유	실	[16]물		
[17]백	령	도		정	[18]증	[19]원	
면	[20]병	자	[21]호	란		수	
[22]서	[23]체		적	[24]기	[25]적		
[26]생	구	불	망	[27]발	본	색	원

VOI 34

[1]민	[2]화	[3]해		[4]나	[5]선	[6]형
	음	[7]탈	[8]세		[9]전	설
[10]선			[11]대	장	부	지
[12]조	조		[13]숙	주	[14]협	공
			[15]인	맥	[16]비	[17]만
[18]청			[19]불	황	물	
[20]탁	주	[21]변	[22]신	상	필	[23]벌
	[24]모	[25]순		[26]짐	작	초
[27]인	자	무	적		[28]로	댕

VOI 35

[1]금	지	옥	[2]엽			[3]와	인
과		록		[4]전	이		[5]서
[6]옥	[7]사	[8]체	념		[9]파	[10]상	풍
[11]조	물	주		[12]사	이	비	
	놀		[13]원	리	금		약
	[14]이	[15]방	인		[16]파	혼	[17]동
		언		[18]폭	리	[19]관	상
[20]제	야		[21]반	군		[22]축	이
기		[23]익	사		[24]남	가	일	몽

VOI 36

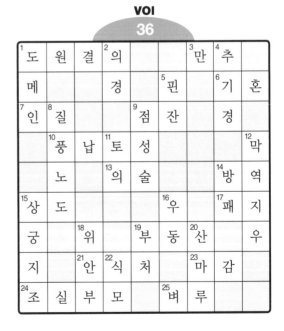

[1]도	원	결	의		[3]만	[4]추
메		경		[5]판	[6]기	혼
[7]인	[8]질		[9]점	잔	경	
	풍	[10]납	[11]토	성		[12]막
	노		[13]의	술	[14]방	역
[15]상	도			[16]우	[17]패	지
궁		[18]위	[19]부	동	[20]산	우
지		[21]안	[22]식	처	[23]마	감
[24]조	실	부	모		[25]벼	루

VOI 37

[1]명	[2]실	[3]상	[4]부	[5]독	수	공	방
[7]견	물	생	심	[8]백	수		
만			[9]민	[10]방	충	[11]망	
[12]리	프	[13]트	[14]박	[15]물	관		원
	[16]리	[17]스	꼬		[18]야	경	
[19]대	[20]오	타	쿠		[21]전	생	
[22]동	갑		트	[23]비	[24]마	[25]진	
소	[26]취	[27]촉	매	[28]제		딧	
[29]이	실	직	고	[30]품	값		물

VOI 38

[1]고	랭	[2]지	[3]지	[4]천	[5]명		
진		[6]탄	핵	[7]고	소	[8]장	
[9]감	면		[10]기	마	[11]물	집	
래		[12]비	일	비	[13]재		
		몽		[14]택	리	[15]지	
[16]함	[17]흥	차	사	[18]야	근	네	
	망		[19]몽	[20]고	[21]무	[22]언	
[23]적	성		[24]쟁	[25]기	[26]저	자	
	[27]쇠	뿔	[28]이	부	자	리	

VOI 39

[1]절	[2]치	[3]부	심	[4]단	[5]초	[6]고
	[7]사	지	[8]듀	[9]청	나	라
[10]계	량	기	스			니
구	[11]수	[12]당	[13]생	사	람	
[14]우	[15]환	직		사		[16]통
[17]후	원	금	[18]고	육	[19]지	계
		[20]바	[21]지	락	하	
[22]진	[23]흥	[24]왕	점		[25]냉	수
[26]정	진		[27]토	박	이	

VOI 40

[1]변	[2]명	[3]지	식	[4]재	[5]산	권	
[6]고	[7]량	주		[8]원	천		
	[9]해	전	[10]철	[11]초	[12]상	권	
[13]와	전	[14]사	면	[15]목	전		
트		[16]벽	[17]피	서		[18]벽	보
	[19]교	두	[20]보		[21]손	해	
	학		[22]신	동		금	[23]여
[24]사	상	[25]누	각		[26]청	[27]표	독
[28]장	수		[29]내	빈		절	

퍼즐북

두뇌 트레이닝
가로세로
낱말퍼즐
Puzzle

초성 퀴즈
문제/보너스

고사성어

1 '고무래를 보고도 정 자를 모른다'는 뜻으로, 글자를 잘 모르는 사람을 이르는 말

ㅁ ㅂ ㅅ ㅈ → ☐ ☐ ☐ ☐

2 '대를 쪼개는 기세'라는 뜻으로, 거칠 것 없이 맹렬히 적을 치는 기세를 이르는 말

ㅍ ㅈ ㅈ ㅅ → ☐ ☐ ☐ ☐

3 '자기 논에 물 대기'라는 뜻으로, 자신의 이익과 욕심만 채우기 위해 이기적으로 행동함을
이르는 말

ㅇ ㅈ ㅇ ㅅ → ☐ ☐ ☐ ☐

4 '조그만 쇠붙이로 살인한다'는 뜻으로, 간단한 말로 상대편의 급소를 찌르거나 감동시킴을
이르는 말

ㅊ ㅊ ㅅ ㅇ → ☐ ☐ ☐ ☐

5 '거듭 말하고 또다시 말한다'는 뜻으로, 같은 말을 반복함

ㅈ ㅇ ㅂ ㅇ → ☐ ☐ ☐ ☐

6 '간과 쓸개를 서로 내보인다'는 뜻으로, 서로가 마음속을 툭 털어놓고 숨김없이 친하게 지냄

ㄱ ㄷ ㅅ ㅈ → ☐ ☐ ☐ ☐

7 '눈을 비비고 상대를 본다'는 뜻으로, 다른 사람의 학식이나 재주가 크게 진보함을 이르는 말

ㄱ ㅁ ㅅ ㄷ → ☐ ☐ ☐ ☐

8 '바늘만 한 것을 보고 몽둥이처럼 크다고 한다'는 뜻으로, 작은 일을 크게 부풀림

ㅊ ㅅ ㅂ ㄷ → ☐ ☐ ☐ ☐

9 '뼈를 가루로 만들고 몸을 부순다'는 뜻으로, 어떤 일에 온 힘을 다해 노력함을 이르는 말

ㅂ ㄱ ㅅ ㅅ → ☐ ☐ ☐ ☐

10 '주머니 속의 송곳'이라는 뜻으로, 뛰어난 재능을 가진 사람은 남의 눈에 띔을 이르는 말

ㄴ ㅈ ㅈ ㅊ → ☐ ☐ ☐ ☐

정답 114쪽

간담상조
(肝膽相照)

'간과 쓸개를 서로 내보인다'는 뜻의 고사성어

당나라 헌종 때 유종원과 유우석이라는 각별한 친구가 있었다. 둘은 벼슬을 하고 있었는데, 유우석이 도회에서 멀리 떨어져 생활하기 어려운 지역인 파주로 가라는 명을 받게 되었다. 이 소식을 들은 친구 유종원은 눈물을 흘리며 걱정했다. 먼 곳으로 가는 것도 안타까운 일이지만, 유우석에게는 모셔야 할 노모가 있었기 때문이었다.

유종원은 고심 끝에 조정에 상소를 올려 친구를 대신해 자신을 유주에서 파주로 보내 달라 간청했다. 그는 이 일로 설령 자신이 죄를 받아 죽는다 해도 원망하지 않겠다고 했다. 다행히 헌종이 유종원의 청을 받아들여 유우석은 형편이 나은 유주로 가게 되었다. 유종원이 죽은 뒤 당나라의 대표적 문장가 한유가 둘의 우정을 기리며 유종원의 묘지에 이러한 글을 남겼다.

"참다운 의리는 어려운 처지에서 확연히 드러난다. 누구나 좋은 시절에는 간과 쓸개를 내줄 것처럼 맹세하지만, 머리카락 한 올만큼의 이해관계가 생기면 언제 그랬냐는 듯이 돌아서고 만다. 하물며 함정에 빠지면 손을 뻗어 구해 주기는커녕 구덩이 속에 밀어 넣고 돌까지 던지는 사람도 있다. 그런 짐승 같은 사람들에 비하면 유종원의 행동은 얼마나 뜻 깊은가!"

1 조선 시대 혜경궁 홍씨가 남편인 사도 세자의 죽음에 대해 쓴 자전적 회고록

ㅎ ㅈ ㄹ → ☐ ☐ ☐ ☐

2 1920년 김좌진과 홍범도가 이끄는 독립군 연합 부대가 만주에서 일본군을 대파한 전투

ㅊ ㅅ ㄹ ㅈ ㅌ → ☐ ☐ ☐ ☐ ☐

3 1896년 독립 협회의 서재필과 윤치호가 만든 우리나라 최초의 민간 신문

ㄷ ㄹ ㅅ ㅁ → ☐ ☐ ☐ ☐

4 조선 제1대 왕인 이성계가 도읍을 개성에서 한양으로 옮긴 뒤 세운 궁궐

ㄱ ㅂ ㄱ → ☐ ☐ ☐

5 고려 때 부처의 힘으로 외적을 물리치기 위해 만든 대장경으로, 합천 해인사에 보관하고 있음

ㅍ ㅁ ㄷ ㅈ ㄱ → ☐ ☐ ☐ ☐ ☐

6 조선 시대 서인이 광해군과 집권 세력을 몰아내고 인조를 즉위시킨 사건

ㅇ ㅈ ㅂ ㅈ → ☐ ☐ ☐ ☐

7 1597년 이순신 장군이 울돌목의 특성을 이용해 13척의 배로 133척의 일본 수군을 물리친 해전

ㅁ ㄹ ㅎ ㅈ → ☐ ☐ ☐ ☐

8 일제 강점기에 일본을 지지하고 따른 무리

ㅊ ㅇ ㅍ → ☐ ☐ ☐

9 조선 시대 지리학자 김정호가 우리나라 각지를 답사해서 만든 지도

ㄷ ㄷ ㅇ ㅈ ㄷ → ☐ ☐ ☐ ☐ ☐

10 경기도 광주시에 있는 조선 시대 산성으로, 병자호란 당시 인조가 이곳으로 피신했으며
2014년 유네스코 세계 문화유산으로 등록됨

ㄴ ㅎ ㅅ ㅅ → ☐ ☐ ☐ ☐

정답 115쪽

충무공 이순신
3대 대첩

충무공은 이순신의 시호이다. '시호'는 옛날 훌륭한 인물이 죽은 뒤에 그의 공덕을 칭송해 붙인 이름이다.

한산도 대첩(1592년) 임진왜란 당시 한산도 앞바다에서 벌어진 조선 수군과 일본 수군 간의 전투로, 임진왜란의 전세를 조선에 유리하게 바꾸는 데 결정적으로 기여했다.

명량 해전(1597년) 고작 13척의 배가 전부였던 조선 수군이 133척의 배를 몰고 온 일본 수군을 격파하고 압도적인 승리를 거둔 전투로, "필사즉생 필생즉사(必死則生 必生則死)"라는 이순신의 결의로 유명하다. 동아시아를 넘어 세계 해전사에서도 손꼽히는 대첩으로 평가받는다.

노량 해전(1598년) 조선과 명나라 연합 함대가 일본 수군을 대파한 마지막 전투로, 이 해전을 마지막으로 7년간 계속되었던 조선과 일본의 전쟁이 끝났다. 이때 이순신은 관음포로 도주하는 일본군을 추격하던 중 유탄에 맞아 전사했다.

인물 상식

1 일제 강점기 봉오동 전투와 청산리 전투에서 활약한 독립운동가

ㅎ	ㅂ	ㄷ	→			

2 프랑스의 사상가이자 철학자로, 『팡세』를 집필함

ㅍ	ㅅ	ㅋ	→			

3 중국 최초의 중앙 집권적 통일 제국인 진나라를 건설한 전제 군주

ㅈ	ㅅ	ㅎ	→			

4 1970년 노동자는 기계가 아니라고 외치며 분신한 봉제 노동자이자 인권 운동가

ㅈ	ㅌ	ㅇ	→			

5 조선 시대 화가로, 호는 단원이며 해학과 풍자가 담긴 풍속화로 널리 알려짐

ㄱ	ㅎ	ㄷ	→			

6 조선 제10대 왕으로, 무오사화를 일으켰으며 중종반정으로 폐위됨

ㅇ	ㅅ	ㄱ	→			

7 만주 하얼빈역에서 이토 히로부미를 저격한 한말 독립 운동가

ㅇ	ㅈ	ㄱ	→			

8 조선 시대 고종의 비로, 통상과 수교에 앞장섰으나 친러시아 정책을 펼치다 을미사변으로 피살됨

ㅁ	ㅅ	ㅎ	ㅎ	→				

9 조선 후기 실학 사상을 집대성한 실학자로, 『목민심서』를 집필함

ㅈ	ㅇ	ㅇ	→			

10 '근대 조각의 아버지'라 불리는 프랑스 조각가로, 작품에 생명과 감정을 불어넣었다고 평가받음

ㄹ	ㄷ	→		

정답 116쪽

일제 강점기,
독립군이 일본군을
크게 무찌른 전투

봉오동 전투　1920년 6월 홍범도, 안무, 최진동이 이끄는 독립군 연합 부대가 중국 지린성 봉오동에서 일본군 제19사단을 쳐부수고 큰 승리를 거둔 전투이다. 홍범도 장군은 직접 2개 중대를 인솔하고 서남산 중턱에서 일본군이 봉오동 어구를 통과하도록 유도했으며, 독립군이 잠복해 있는 포위망에 일본군이 들어서자 일제히 사격하는 등 탁월한 전술로 승리했다. 이 전투는 독립군 부대가 일본 정규군을 대패시켰다는 점에서 독립군의 사기를 크게 진작했으며, 항일 무장 독립운동사에 빛나는 전과 중 하나이다.

청산리 전투　3·1 운동 이후 독립군은 만주와 연해주 등지에서 더욱 활발한 활동을 전개해 나갔다. 이에 일제는 일본군을 간도로 출병해 독립군과 항일 단체를 토벌하려는 계획을 세운다. 1920년 10월 이동 중이던 독립군과 뒤쫓아 오던 일본군이 청산리에서 만나게 되었고, 김좌진과 이범석이 이끄는 북로 군정서 부대는 백운평 골짜기에 숨어 일본군이 들어오기를 기다리다 기습 공격을 해서 크게 승리했다. 이 전투는 지리적 요건을 잘 활용한 전술 능력이 돋보이며, 독립군이 일본군과 맞선 가장 규모가 큰 싸움으로 기록되어 있다.

1 대통령이 행정부의 고위 공직자를 임명할 때, 국회의 검증 절차를 거치게 하는 제도적 장치

ㅇ ㅅ ㅊ ㅁ ㅎ → ☐ ☐ ☐ ☐ ☐

2 전염병에 대해 인공적으로 면역을 주기 위해 생체에 투여하는 항원의 하나

ㅂ ㅅ → ☐ ☐

3 형벌을 받을 범법 행위를 했으나 형사 책임이 없는 10세 이상 14세 미만의 소년

ㅊ ㅂ ㅅ ㄴ → ☐ ☐ ☐ ☐

4 교통사고 위험을 막기 위해 유치원, 초등학교 주변에 지정하는 어린이 보호 구역

ㅅ ㅋ ㅈ → ☐ ☐ ☐

5 우리나라의 독자 기술로 개발한 3단 액체 로켓으로, '우주까지 새 세상을 개척한다'는 의미를 담고 있음

ㄴ ㄹ ㅎ → ☐ ☐ ☐

6 정당이 선거에 출마할 후보를 추천하는 것

ㄱ ㅊ → ☐ ☐

7 2015년 3월 공직 사회 기강을 확립하기 위해 제정되었으며 '청탁 금지법'이라고도 함

ㄱ ㅇ ㄹ ㅂ → ☐ ☐ ☐ ☐

8 특정 물건 가격이 오를 것을 예상해 그 물건을 한꺼번에 많이 사들였다가 가격이 오를 때까지 되도록 팔지 않고 쌓아 두는 것

ㅁ ㅈ ㅁ ㅅ → ☐ ☐ ☐ ☐

9 일반 파면이 어려운 대통령, 국무 위원 등을 국회에서 소추해 해임하거나 처벌하는 것

ㅌ ㅎ → ☐ ☐

10 유튜브, 페이스북 등의 SNS에서 수십만 명의 구독자를 보유해 사회적 영향력이 큰 사람

ㅇ ㅍ ㄹ ㅇ ㅅ → ☐ ☐ ☐ ☐ ☐

정답 117쪽

깨끗하고 공정한 사회를 만들기 위한 법안

김영란법 정식 명칭은 '부정 청탁 및 금품 등 수수의 금지에 관한 법률'로, 줄여서 '청탁 금지법'이라고도 한다. 2012년 당시 김영란 국민권익위원회 위원장이 불법 로비나 접대 등 공무원들의 부정부패를 막기 위해 발의했으며, 2015년 3월 27일 제정되었다. 적용 대상은 공직자, 언론인, 사립학교 교직원 등이며 주요 내용은 금품 수수 금지, 부정 청탁 금지, 외부 강의 수수료 제한 등이다.

민식이법 2019년 당시 9세였던 김민식 군이 스쿨존에서 교통사고로 사망했던 사건 이후 스쿨존 내에서의 어린이 교통사고 감소를 취지로 발의된 법률이다. '도로 교통법 개정안'과 '특정 범죄 가중 처벌 등에 관한 법률 개정안'으로 이루어져 있으며, 2020년 3월 25일부터 시행되었다.

윤창호법 2018년 음주 운전 사고로 숨진 윤창호 씨 사건을 계기로 마련되었으며, 음주 운전으로 인명 피해를 낸 운전자에 대한 처벌 수위를 높이고 음주 운전 기준을 강화하는 내용을 담은 '특정 범죄 가중 처벌 등에 관한 법률(특가법) 개정안' 및 '도로 교통법 개정안'을 말한다. 특가법 개정안은 2018년 12월 18일, 도로 교통법 개정안은 2019년 6월 25일부터 시행되었다.

일반 상식

1 주로 해저에서 일어나는 지진이나 화산 폭발, 단층 운동 등으로 수면에 파동이 생기는 현상

| ㅆ | ㄴ | ㅁ | → | | | |

2 일종의 진료비 정찰제로, 어떤 진료를 받기 위해 입원하는지에 따라 미리 책정된 진료비를 지급하는 제도

| ㅍ | ㄱ | ㅅ | ㄱ | ㅈ | → | | | | | |

3 영국에서 최고 권위를 자랑하는 문학상이자 세계 3대 문학상 중 하나

| ㅂ | ㅋ | ㅅ | → | | | |

4 오케스트라 합주를 위해 작곡한 소나타로, 보통 4악장으로 구성됨

| ㅅ | ㅍ | ㄴ | → | | | |

5 경기를 치를 때, 지면 탈락하고 이기면 올라가 최종 우승자를 가리는 방식

| ㅌ | ㄴ | ㅁ | ㅌ | → | | | | |

6 파도를 막기 위해 바다에 쌓은 둑 등의 구조물

| ㅂ | ㅍ | ㅈ | → | | | |

7 이익을 적게 보고 많이 파는 것

| ㅂ | ㄹ | ㄷ | ㅁ | → | | | | |

8 다른 조세에 부가해서 부과되는 조세

| ㅂ | ㄱ | ㅅ | → | | | |

9 소, 돼지 등의 동물에 감염되는 질병으로, 전염성이 강하며 입술, 혀 등에 물집이 생김

| ㄱ | ㅈ | ㅇ | → | | | |

10 인격권의 하나로, 자기의 초상이 허가 없이 전시되거나 게재되지 않을 권리

| ㅊ | ㅅ | ㄱ | → | | | |

정답 118쪽

권위 있는 세계 3대 문학상

노벨 문학상 1901년 스웨덴의 화학자 알프레드 노벨의 유언에 따라 제정된 이후 인류 사회에 위대한 공헌을 하거나 이상적인 방향을 제시한 작가를 대상으로 선정한다. 일반적으로 생존하고 있는 작가의 작품 전체에 수여하며, 특정 작품을 지정하는 경우도 있다. 2024년 한강이 수상자로 선정되면서 우리나라에서 첫 번째 노벨 문학상 수상자가 되었다.

부커상 영국 최고 권위를 자랑하는 문학상으로, 1969년 영국의 부커사가 제정했다. 처음에는 영연방 출신 작가들이 영어로 쓴 소설로 후보 대상을 한정했지만, 2014년부터는 작가의 국적과 상관없이 영국에서 출간된 영문 소설을 대상으로 한다. 2005년에는 영어로 출간하거나 영어로 번역 가능한 소설을 출간한 작가에게 상을 수여하는 '맨부커국제상'이 신설되었으며, 2019년 '부커국제상'으로 명칭이 변경되었다.

공쿠르상 프랑스의 아카데미 공쿠르가 매년 12월 그해 발표된 작품 가운데 가장 우수한 산문 작품에 수여하는 상이다. '공쿠르'는 소설가인 에드몽 드 공쿠르와 쥘 드 공쿠르 형제를 말한다. 에드몽 드 공쿠르의 유언에 따라 가난한 예술가를 돕기 위해 아카데미 공쿠르가 설립되었고, 이곳에서 1903년부터 공쿠르상을 제정해 시상하고 있다.

퍼즐북

두뇌 트레이닝
가로세로
낱말퍼즐
Puzzle

초성 퀴즈
정답

1 目不識丁 **(목불식정)**
눈 목 / 아닐 불 / 알 식 / 고무래 정

'고무래를 보고도 정 자를 모른다' 는 뜻으로, 글자를 잘 모르는 사람을 이르는 말

2 破竹之勢 **(파죽지세)**
깨뜨릴 파 / 대나무 죽 / (~)의 지 / 기세 세

'대를 쪼개는 기세' 라는 뜻으로, 거칠 것 없이 맹렬히 적을 치는 기세를 이르는 말

3 我田引水 **(아전인수)**
나 아 / 밭 전 / 끌 인 / 물 수

'자기 논에 물 대기' 라는 뜻으로, 자신의 이익과 욕심만 채우기 위해 이기적으로 행동함을 이르는 말

4 寸鐵殺人 **(촌철살인)**
마디 촌 / 쇠 철 / 죽일 살 / 사람 인

'조그만 쇠붙이로 살인한다' 는 뜻으로, 간단한 말로 상대편의 급소를 찌르거나 감동시킴을 이르는 말

5 重言復言 **(중언부언)**
거듭 중 / 말씀 언 / 다시 부 / 말씀 언

'거듭 말하고 또다시 말한다' 는 뜻으로, 같은 말을 반복함

6 肝膽相照 **(간담상조)**
간 간 / 쓸개 담 / 서로 상 / 비칠 조

'간과 쓸개를 서로 내보인다' 는 뜻으로 서로가 마음속을 툭 털어놓고 숨김없이 친하게 지냄

7 刮目相對 **(괄목상대)**
비빌 괄 / 눈 목 / 서로 상 / 대할 대

'눈을 비비고 상대를 본다' 는 뜻으로, 다른 사람의 학식이나 재주가 크게 진보함을 이르는 말

8 針小棒大 **(침소봉대)**
바늘 침 / 작을 소 / 막대 봉 / 큰 대

'바늘만 한 것을 보고 몽둥이처럼 크다고 한다' 는 뜻으로, 작은 일을 크게 부풀림

9 粉骨碎身 **(분골쇄신)**
가루 분 / 뼈 골 / 부술 쇄 / 몸 신

'뼈를 가루로 만들고 몸을 부순다' 는 뜻으로, 어떤 일에 온 힘을 다해 노력함을 이르는 말

10 囊中之錐 **(낭중지추)**
주머니 낭 / 가운데 중 / (~)의 지 / 송곳 추

'주머니 속의 송곳' 이라는 뜻으로, 뛰어난 재능을 가진 사람은 남의 눈에 띔을 이르는 말

1 ㅎ ㅈ ㄹ → 한중록

2 ㅊ ㅅ ㄹ ㅈ ㅌ → 청산리 전투

3 ㄷ ㄹ ㅅ ㅁ → 독립신문

4 ㄱ ㅂ ㄱ → 경복궁

5 ㅍ ㅁ ㄷ ㅈ ㄱ → 팔만대장경

6 ㅇ ㅈ ㅂ ㅈ → 인조반정

7 ㅁ ㄹ ㅎ ㅈ → 명량 해전

8 ㅊ ㅇ ㅍ → 친일파

9 ㄷ ㄷ ㅇ ㅈ ㄷ → 대동여지도

10 ㄴ ㅎ ㅅ ㅅ → 남한산성

1   ㅎ ㅂ ㄷ → 홍범도

2   ㅍ ㅅ ㅋ → 파스칼

3   ㅈ ㅅ ㅎ → 진시황

4   ㅈ ㅌ ㅇ → 전태일

5   ㄱ ㅎ ㄷ → 김홍도

6   ㅇ ㅅ ㄱ → 연산군

7   ㅇ ㅈ ㄱ → 안중근

8   ㅁ ㅅ ㅎ ㅎ → 명성 황후

9   ㅈ ㅇ ㅇ → 정약용

10 ㄹ ㄷ → 로댕

1   ㅇ ㅅ ㅊ ㅁ ㅎ → 인사 청문회

2   ㅂ ㅅ → 백신

3   ㅊ ㅂ ㅅ ㄴ → 촉법소년

4   ㅅ ㅋ ㅈ → 스쿨 존

5   ㄴ ㄹ ㅎ → 누리호

6   ㄱ ㅊ → 공천

7   ㄱ ㅇ ㄹ ㅂ → 김영란법

8   ㅁ ㅈ ㅁ ㅅ → 매점매석

9   ㅌ ㅎ → 탄핵

10 ㅇ ㅍ ㄹ ㅇ ㅅ → 인플루언서

1 ㅆ ㄴ ㅁ → 쓰나미

2 ㅍ ㄱ ㅅ ㄱ ㅈ → 포괄 수가제

3 ㅂ ㅋ ㅅ → 부커상

4 ㅅ ㅍ ㄴ → 심포니

5 ㅌ ㄴ ㅁ ㅌ → 토너먼트

6 ㅂ ㅍ ㅈ → 방파제

7 ㅂ ㄹ ㄷ ㅁ → 박리다매

8 ㅂ ㄱ ㅅ → 부가세

9 ㄱ ㅈ ㅇ → 구제역

10 ㅊ ㅅ ㄱ → 초상권

퍼즐북

두뇌 트레이닝

가로세로
낱말퍼즐
Puzzle

고사성어
부록

고사성어

ㄱ

각주구검(刻舟求劍) '배에 새겨 놓고 검을 찾는다'는 뜻으로, 미련하고 어리석어 융통성이 모자란 것을 이르는 말

간담상조(肝膽相照) '간과 쓸개를 서로 내보인다'는 뜻으로, 서로가 마음속을 툭 털어놓고 숨김없이 친하게 지냄

갈이천정(渴而穿井) '목이 말라야 우물을 판다'는 뜻으로, 닥치지 않은 일에 무심하다가 급한 일이 생기면 비로소 서두름

감언이설(甘言利說) 남의 비위를 맞추거나 이로운 조건을 내세워 속이는 말

개과천선(改過遷善) 지난날의 잘못이나 허물을 고쳐 올바르고 착하게 됨

개권유익(開卷有益) '책을 펼쳐 놓는 것만으로도 이익이 있다'는 뜻으로, 독서를 권장하는 말

건곤일척(乾坤一擲) 운명과 흥망을 걸고 전력을 다해 한판 승부를 겨루는 것

견물생심(見物生心) 어떠한 물건을 보면 가지고 싶은 욕심이 생김

견원지간(犬猿之間) '개와 원숭이의 사이'라는 뜻으로, 서로 앙심을 품고 미워하는 사이를 이르는 말

결자해지(結者解之) '맺은 사람이 풀어야 한다'는 뜻으로, 일을 저지른 사람이 해결해야 함을 이르는 말

결초보은(結草報恩) '풀을 엮어서 은혜를 갚는다'는 뜻으로, 죽은 뒤에라도 은혜를 잊지 않고 갚음을 이르는 말

경거망동(輕擧妄動) 경솔하고 생각 없이 행동함

계구우후(鷄口牛後) '닭의 부리가 될지언정 소의 꼬리가 되지 말라'는 뜻으로, 큰 집단의 말석보다는 작은 집단의 우두머리가 나음을 이르는 말

계포일낙(季布一諾) '중국 초나라 장수 계포가 한 번 한 약속'이라는 뜻으로, 약속을 반드시 지킴을 이르는 말

고육지계(苦肉之計) '자기 몸을 상하게 하며 짜내는 계략'이라는 뜻으로, 어려움을 벗어나기 위해 어쩔 수 없이 쓰는 방책을 이르는 말

고진감래(苦盡甘來) '쓴 것이 다하면 단 것이 온다'는 뜻으로, 힘들고 어려운 일을 겪은 뒤에는 즐거운 일이 옴을 이르는 말

곡학아세(曲學阿世) 그릇된 학문으로 지위나 권세 있는 사람에게 아첨함

공중누각(空中樓閣) '공중에 떠 있는 누각'이라는 뜻으로, 아무런 근거나 토대가 없는 사물이나 생각을 이르는 말

과유불급(過猶不及) 『논어』에 나오는 말로, '정도를 지나침은 미치지 못함과 같다'는 뜻

괄골요독(刮骨療毒) '뼈를 긁어 독을 치료한다'는 뜻으로, 비장한 각오로 문제를 해결함을 이르는 말

괄목상대(刮目相對) '눈을 비비고 상대를 본다'는 뜻으로, 다른 사람의 학식이나 재주가 크게 진보함을 이르는 말

교각살우(矯角殺牛) '쇠뿔을 잡으려다가 소를 죽인다'는 뜻으로, 잘못을 고치려다가 정도가 지나쳐 오

히려 일을 그르치는 것을 이르는 말

교언영색(巧言令色) 남에게 아첨하려고 듣기 좋게 꾸미는 말과 얼굴빛

교우이신(交友以信) 신라 시대 화랑의 계율인 세속 오계의 하나로, '믿음으로써 벗을 사귄다'는 뜻

교학상장(敎學相長) 서로 가르치고 배우면서 성장함

구밀복검(口蜜腹劍) '입에는 꿀이 있고 배 속에는 칼을 품다'라는 뜻으로, 겉으로는 친한 척하지만 돌아서면 음해하는 것을 이르는 말

구상유취(口尙乳臭) '입에서 아직 젖내가 난다'는 뜻으로, 언행이 어리고 유치함을 이르는 말

구우일모(九牛一毛) '아홉 마리 소 가운데 털 하나'라는 뜻으로, 수많은 것 중 극히 적은 수를 이르는 말

권모술수(權謀術數) 목적 달성을 위해 수단과 방법을 가리지 않는 술책

권선징악(勸善懲惡) 『춘추 좌씨전』에서 유래한 말로, 선함을 권하고 악함을 징계함

근묵자흑(近墨者黑) '먹을 가까이하면 검어진다'는 뜻으로, 나쁜 사람과 가까이 지내면 물들기 쉬움을 비유적으로 이르는 말

금과옥조(金科玉條) '금옥 같은 법률'이라는 뜻으로, 귀중히 여겨 꼭 지켜야 할 법이나 규정을 이르는 말

금상첨화(錦上添花) '비단 위에 꽃을 더한다'는 뜻으로, 좋은 것 위에 좋은 것을 더함을 이르는 말

금지옥엽(金枝玉葉) '금으로 된 가지와 옥 같은 잎'이라는 뜻으로, 귀한 자손을 이르는 말

기고만장(氣高萬丈) 일이 뜻대로 잘될 때 우쭐해서 뽐내는 기세

기상천외(奇想天外) 보통 사람이 짐작할 수 없을 정도로 기발하고 엉뚱한 것

ㄴ

낙생어우(樂生於憂) '즐거움은 항상 고생하는 데서 나온다'는 말

낙정하석(落穽下石) '우물에 빠진 사람에게 돌을 던진다'는 뜻으로, 어려운 처지에 놓인 사람을 더욱 괴롭힘을 비유적으로 이르는 말

난공불락(難攻不落) 공격하기 어려워 쉽게 함락되지 않음

난형난제(難兄難弟) '누구를 형이라 하고 누구를 아우라 하기 어렵다'는 뜻으로, 비슷해서 우열을 정하기 어려움을 이르는 말

남가일몽(南柯一夢) '남쪽 나뭇가지에 걸린 꿈'이라는 뜻으로, 한때의 헛된 부귀영화나 인생의 덧없음을 이르는 말

낭중지추(囊中之錐) '주머니 속의 송곳'이라는 뜻으로, 뛰어난 재능을 가진 사람은 남의 눈에 띔을 이르는 말

노기충천(怒氣衝天) 성난 기운이 하늘을 찌름

노심초사(勞心焦思) 애를 쓰고 속을 태우며 골똘히 생각함

노이무공(勞而無功) '애는 썼으나 고생한 보람이

없다'는 뜻으로, 수고만 하고 아무런 공이 없음을 이르는 말

능소능대(能小能大) '작은 것에도 능하고 큰 것에도 능하다'는 뜻으로, 모든 일에 능숙함을 이르는 말

ㄷ

다사다난(多事多難) 일도 많고 어려움과 탈도 많음

대경실색(大驚失色) 몹시 놀라 얼굴빛이 하얗게 변함

대동소이(大同小異) '크게 보면 같고 작은 차이만 있다'는 뜻으로, 별다른 차이 없이 유사함을 이르는 말

대의명분(大義名分) 사람으로서 마땅히 지켜야 할 바른 도리

도원결의(桃園結義) 『삼국지연의』에서 유비, 관우, 장비가 의형제를 맺은 것에서 비롯되었으며, 뜻이 맞는 사람끼리 목적을 이루기 위해 함께함을 이르는 말

독수공방(獨守空房) 아내가 남편 없이 홀로 지내는 것

독야청청(獨也靑靑) '홀로 푸르고 푸르다'는 뜻으로, 모든 것이 변해도 결코 변하지 않는 굳은 절개를 이르는 말

동고동락(同苦同樂) 괴로움도 즐거움도 함께함

동병상련(同病相憐) '같은 병이 있는 사람끼리 서로를 가엾게 여긴다'는 뜻으로, 어려운 처지에 놓이거나 비슷한 고통을 겪는 사람끼리 가엾게 여기는 마

음을 이르는 말

동분서주(東奔西走) '동쪽으로 뛰고 서쪽으로 뛴다'는 뜻으로, 사방팔방 바쁘게 돌아다니는 모습을 이르는 말

동상이몽(同牀異夢) '같은 잠자리에서 다른 꿈을 꾼다'는 뜻으로, 겉으로는 함께 행동하면서도 속으로는 다른 생각을 하는 것을 이르는 말

득의양양(得意揚揚) 뜻한 바를 이루어 우쭐거리며 매우 뽐내는 모습

등고자비(登高自卑) '높은 곳에 오르려면 낮은 곳에서부터 출발해야 한다'는 뜻으로, 모든 일에는 순서가 있음을 이르는 말

등용문(登龍門) '용문에 오른다'는 뜻으로, 어려운 관문을 통과해 크게 출세하는 것을 이르는 말

등화가친(燈火可親) '등불을 가까이 할 수 있다'는 뜻으로, 서늘한 가을에는 등잔불 아래서 글 읽기에 좋음을 이르는 말

ㅁ

막역지우(莫逆之友) '서로 거스르지 않는 친구'라는 뜻으로, 허물 없이 가까운 사이를 이르는 말

망망대해(茫茫大海) 아득히 넓고 끝없는 바다

망양지탄(望洋之歎) '넓은 바다를 바라보고 감탄한다'는 뜻으로 다른 사람의 뛰어남을 보고 자신의 미흡함을 부끄러워함을 이르는 말

매사마골(買死馬骨) '죽은 말의 뼈를 산다'는 뜻으로, 귀중한 것을 손에 넣기 위해서는 공을 들여야 함

을 이르는 말

맥수지탄(麥秀之嘆) '보리가 무성하게 자란 것을 탄식한다'는 뜻으로, 나라가 무너져 가는 것을 깊게 슬퍼함을 이르는 말

명견만리(明見萬里) '만 리 밖의 일을 훤하게 안다'는 뜻으로, 관찰력이나 판단력이 날카롭고 정확함을 이르는 말

명불허전(名不虛傳) '이름이 헛되이 전해지지 않는다'는 뜻으로, 명성이 널리 퍼진 데는 그럴 만한 이유가 있음을 이르는 말

명사십리(明沙十里) 곱고 부드러운 모래가 10리에 걸쳐 펼쳐지는, 뛰어난 경관으로 이름난 모래사장

명실상부(名實相符) 이름과 실상이 서로 잘 부합하는 것

명약관화(明若觀火) 의심할 여지 없이 분명함

모순(矛盾) '창과 방패'라는 뜻으로, 앞뒤가 맞지 않는 것을 이르는 말

목불식정(目不識丁) '고무래를 보고도 정 자를 모른다'는 뜻으로, 글자를 잘 모르는 사람을 이르는 말

목불인견(目不忍見) '눈으로 차마 보지 못한다'는 뜻으로, 슬프고 안타까운 광경을 이르는 말

무골호인(無骨好人) '뼈가 없는 것처럼 좋은 사람'이라는 뜻으로, 순해서 남의 비위를 다 맞추는 사람을 이르는 말

무소부지(無所不知) 일이나 권력이 이르지 않는 데가 없음

무용지물(無用之物) 아무 소용 없는 물건이나 쓸 만한 능력이 없는 사람을 가리키는 말

무지몽매(無知蒙昧) 아는 것이 전혀 없고 사리에 어두움

문경지교(刎頸之交) '상대방을 위해 목이 잘린다 해도 후회하지 않을 사이'라는 뜻으로, 생사를 같이할 정도로 가까운 관계를 이르는 말

문일지십(聞一知十) '하나를 들으면 열을 안다'는 뜻으로, 지극히 총명함을 이르는 말

문전성시(門前成市) 대문 앞에 시장이 생길 정도로 사람이 많음

ㅂ

박리다매(薄利多賣) 이익을 적게 보고 많이 파는 것

박학다식(博學多識) '널리 배우고 많이 안다'는 뜻으로, 견식이 풍부함을 이르는 말

반목질시(反目嫉視) 서로 미워하고 시기하는 눈으로 봄

반신반의(半信半疑) '반은 믿고 반은 의심한다'는 뜻으로, 확실히 믿지 못하는 상태를 이르는 말

반포지효(反哺之孝) '까마귀 새끼가 자라서 늙은 어미에게 먹이를 물어다 주는 효'라는 뜻으로, 자식이 자란 후에 어버이에게 은혜 갚는 효를 이르는 말

발본색원(拔本塞源) '나무를 뿌리째 뽑고 물의 근원을 없앤다'는 뜻으로, 나쁜 일의 근본 원인을 모조리 없앰을 이르는 말

배수진(背水陣) '강을 등지고 진을 치다'라는 뜻으로, 어떤 일에 목숨을 걸 정도로 절박한 상황

배은망덕(背恩忘德) 남에게 입은 은혜를 저버리고 배신함

백골난망(白骨難忘) '죽어서 백골이 되어도 잊지 못한다'는 뜻으로, 큰 은혜나 덕을 감사히 여기며 간직함을 이르는 말

백년지객(百年之客) '한평생 손님으로 맞아 예의를 잊지 말아야 한다'는 뜻으로, 사위를 이르는 말

백면서생(白面書生) '글만 읽어 얼굴이 창백한 사람'이라는 뜻으로, 세상 물정에 어둡고 경험이 부족한 사람을 이르는 말

백절불굴(百折不屈) '백 번 접혀도 굴하지 않는 용기'라는 뜻으로, 어떠한 어려움과 좌절 앞에서도 포기하지 않음

부지기수(不知其數) '수를 알지 못한다'는 뜻으로, 셀 수 없을 만큼 많은 양을 이르는 말

부화뇌동(附和雷同) '우레 소리에 맞춰 만물이 울린다'는 뜻으로, 자기 생각이나 줏대 없이 남에게 동조함

분골쇄신(粉骨碎身) '뼈를 가루로 만들고 몸을 부순다'는 뜻으로, 어떤 일에 온 힘을 다해 노력함을 이르는 말

비례부동(非禮不動) 예가 아니면 행동하지 않음

비몽사몽(非夢似夢) '꿈이 아닌 듯도 하고 꿈인 듯도 하다'는 뜻으로, 몽롱해서 어렴풋한 상태를 이르는 말

비일비재(非一非再) '하나도 아니고 둘도 아니다'는 뜻으로, 같은 일이나 현상이 수없이 많음을 이르는 말

ㅅ

사리분별(事理分別) 일의 이치를 구별해서 가름

사면초가(四面楚歌) 사면이 적에게 포위된 경우나 도움을 받을 수 없어 고립된 상태를 이르는 말

사상누각(沙上樓閣) '모래 위에 세운 누각'이라는 뜻으로, 기초가 약해 오래가지 못하는 것을 이르는 말

사석위호(射石爲虎) '돌을 호랑이로 알고 쏘았더니 돌에 화살이 꽂혔다'는 뜻으로, 어떤 일이든 최선을 다하면 이룰 수 있음을 이르는 말

사족(蛇足) '뱀을 다 그리고 발을 덧붙여 그린다'는 뜻으로, 하지 않아도 될 일을 덧붙여 하다가 도리어 일을 그르침을 이르는 말

사필귀정(事必歸正) 모든 일은 반드시 바른 대로 돌아감

산궁수진(山窮水盡) '산이 막히고 물줄기가 끊어져 더 갈 길이 없다'는 뜻으로, 막다른 경우에 이름을 이르는 말

산전수전(山戰水戰) '산에서도 물에서도 싸웠다'는 뜻으로, 온갖 고생과 어려움을 겪음을 이르는 말

살신성인(殺身成仁) 『논어』에 나오는 말로, 자기의 몸을 희생해 옳은 도리를 행함

삼고초려(三顧草廬) 중국 삼국 시대 때 유비가 제갈량을 세 번이나 찾아간 데서 유래한 말로, 인재를 맞이하는 데 정성을 다함

삼인성호(三人成虎) '세 사람이면 없던 호랑이도 만든다'는 뜻으로, 사실이 아니더라도 여러 사람이

말하면 믿게 됨을 이르는 말

상궁지조(傷弓之鳥) '화살에 맞아서 다친 새'라는 뜻으로, 예전에 일어난 일에 놀라서 작은 일도 의심하고 두려워함을 이르는 말

상부상조(相扶相助) '서로서로 돕는다'는 뜻으로, 비슷한 상황에 있는 이들이 힘을 합쳐 위기를 극복함

상전벽해(桑田碧海) '뽕나무 밭이 푸른 바다가 되었다'는 뜻으로, 세상이 몰라볼 정도로 변함을 이르는 말

새옹지마(塞翁之馬) '변방 노인의 말'이라는 뜻으로, 인생의 길흉화복은 항상 바뀌어 미리 알 수 없다는 뜻

생구불망(生口不網) '산 입에 거미줄을 치지는 않는다'는 뜻으로, 그럭저럭 먹고사는 것을 이르는 말

생사고락(生死苦樂) 삶과 죽음, 괴로움과 즐거움을 이르는 말

설상가상(雪上加霜) '눈 위에 서리가 덮인다'는 뜻으로, 어려운 일이 연거푸 일어남을 이르는 말

섬섬옥수(纖纖玉手) 가냘프고 고운 손

성동격서(聲東擊西) '동쪽에서 소리 지르고 서쪽을 친다'는 뜻으로, 상대편에게 그럴듯한 속임수를 써서 공격하는 것을 이르는 말

소탐대실(小貪大失) 작은 것을 욕심내다가 오히려 더 큰 손해를 봄

송구영신(送舊迎新) 묵은 해를 보내고 새해를 맞이함

수불석권(手不釋卷) '손에서 책을 놓지 않는다'는 뜻으로, 밤낮없이 열심히 공부함

수수방관(袖手傍觀) '소매에 손을 넣고 곁에서 보기만 한다'는 뜻으로, 간섭하거나 거들지 않고 그대로 내버려둠을 이르는 말

수어지교(水魚之交) 물과 물고기의 관계같이 친밀한 사이

수오지심(羞惡之心) 자신의 옳지 못함을 부끄러워하고, 남의 옳지 못함을 미워하는 마음

수주대토(守株待兔) '그루터기를 지켜보며 토끼가 나오기를 기다린다'는 뜻으로, 되지도 않을 일을 고집하는 어리석음을 이르는 말

숙맥불변(菽麥不辨) '콩과 보리를 구별하지 못한다'는 뜻으로, 사리 분별이 없고 세상 물정을 모르는 것을 이르는 말

순망치한(脣亡齒寒) '입술이 없으면 이가 시리다'는 뜻으로, 밀접한 관계에서 어느 한쪽이 망하면 다른 한쪽도 영향을 받음을 이르는 말

시기상조(時機尚早) '시기가 아직 이르다'는 뜻으로, 적당한 때나 기회가 아직 오지 않음을 이르는 말

시종일관(始終一貫) 처음부터 끝까지 변함없음

식자우환(識字憂患) '글자를 아는 것이 근심을 초래한다'는 뜻으로, 어떤 정보를 너무 많이 알아서 걱정까지 많아짐

신상필벌(信賞必罰) '신실한 사람에게는 상을 주고 죄가 있는 사람에게는 벌을 준다'는 뜻으로, 상벌을 공정하고 엄중하게 하는 것을 이르는 말

실사구시(實事求是) 사실에 입각해 진리를 탐구하려는 태도

심기일전(心機一轉) 어떠한 계기로 이제까지 가졌던 마음가짐에서 벗어나 완전히 달라짐

심사숙고(深思熟考) 깊이 생각하고 고려함

십시일반(十匙一飯) '열 사람이 한 숟가락씩 모으면 한 사람 양이 된다'는 뜻으로, 여럿이 힘을 합쳐 한 명을 돕는 것을 이르는 말

십중팔구(十中八九) '열 가운데 여덟이나 아홉'이라는 뜻으로, 꽤 확신하고 미리 추측할 수 있는 상황

ㅇ

아비규환(阿鼻叫喚) 차마 눈뜨고 보지 못할 참상을 비유적으로 이르는 말

아연실색(啞然失色) '크게 놀라 얼굴빛을 잃는다'는 뜻으로, 낯빛이 하얗게 질릴 정도로 놀란 모습

아전인수(我田引水) '자기 논에 물 대기'라는 뜻으로, 자신의 이익과 욕심만 채우기 위해 이기적으로 행동함을 이르는 말

안분지족(安分知足) '분수에 편안하고 만족할 줄 안다'는 뜻으로, 자기 형편에 불만을 가지지 않고 사는 것을 이르는 말

안하무인(眼下無人) '눈 아래 사람이 없다'는 뜻으로, 무례하게 다른 사람을 업신여김을 이르는 말

암중모색(暗中摸索) '어둠 속에서 더듬어 찾는다'는 뜻으로, 어림짐작해서 무엇을 알아내려는 상황을 이르는 말

양두구육(羊頭狗肉) '양 머리를 걸어 놓고 개고기를 판다'는 뜻으로, 겉으로는 그럴듯하나 속은 변변치

못함을 이르는 말

양상군자(梁上君子) '대들보 위의 군자'라는 뜻으로, 도둑을 점잖게 이르는 말

양약고구(良藥苦口) '좋은 약은 입에 쓰다'는 뜻으로, 바른말은 귀에 거슬리지만 도움이 된다는 것을 이르는 말

어부지리(漁夫之利) 둘이 다투는 동안 관계없는 사람이 이익을 가로챔

언중유골(言中有骨) '말 속에 뼈가 있다'는 뜻으로, 예사로운 말 같지만 그 속에 명확한 핵심이 들어 있음을 이르는 말

역지사지(易地思之) 상대편의 처지나 입장에서 생각해 봄

연목구어(緣木求魚) '나무에서 고기를 구한다'는 뜻으로, 목적과 수단이 맞지 않아 불가능한 일을 굳이 하는 것을 이르는 말

오리무중(五里霧中) '오 리나 되는 짙은 안개 속에 있다'는 뜻으로, 어떻게 판단해야 할지 갈피를 잡지 못하는 것을 이르는 말

오매불망(寤寐不忘) 자나 깨나 마음이 끌려 잊지 못함

오월동주(吳越同舟) 『손자』에서 유래한 말로, 적대적인 사람들이 한자리에 있는 상황이나 서로 힘을 모아야 하는 상황을 이르는 말

온고지신(溫故知新) 『논어』에 나오는 말로, 과거의 역사와 학문을 충분히 익히고 그 바탕 위에서 새로운 것을 배움

와신상담(臥薪嘗膽) '거친 나무 위에서 자고 쓴 쓸

개를 먹는다'는 뜻으로, 온갖 고난을 참고 견딤을 비유적으로 이르는 말

외유내강(外柔內剛) 겉은 부드럽고 순해 보이지만 속은 꿋꿋하고 굳셈

요지부동(搖之不動) 흔들어도 움직이지 않음

용두사미(龍頭蛇尾) '용의 머리와 뱀의 꼬리'라는 뜻으로, 처음은 좋지만 끝이 부진함을 이르는 말

우공이산(愚公移山) '우공이 산을 옮긴다'는 뜻으로, 어떤 일이든 끝까지 노력하면 마침내 이루어짐을 이르는 말

우문현답(愚問賢答) '어리석은 질문과 현명한 대답'이라는 뜻으로, 본질을 벗어난 질문에 정확하게 답변할 때 쓰는 말

우이독경(牛耳讀經) '쇠귀에 경 읽기'라는 뜻으로, 애써 일러 주어도 이해하지 못함을 이르는 말

운칠기삼(運七技三) '운이 일곱에 재주가 셋'이라는 뜻으로, 모든 일의 성패는 노력보다 운에 달려 있음을 이르는 말

월하빙인(月下氷人) '월하노인'과 '빙상인'이라는 뜻으로, 중매를 서는 사람을 이르는 말

위편삼절(韋編三絕) '책을 묶은 가죽 끈이 세 번이나 끊어졌다'는 뜻으로, 책이 닳을 때까지 읽을 만큼 학문에 열중함을 이르는 말

유비무환(有備無患) 미리 준비가 되어 있으면 걱정할 것이 없음

이구동성(異口同聲) '각기 다른 입에서 같은 소리를 낸다'는 뜻으로, 여러 사람의 말이 한결같음을 이르는 말

이목지신(移木之信) '나무 옮기기로 백성들을 믿게 한다'는 뜻으로, 약속을 반드시 지킨다는 말

이소성대(以小成大) 작은 일부터 시작해 큰 것을 이룸

이실직고(以實直告) 사실을 있는 그대로 솔직하게 이야기함

이심전심(以心傳心) 마음에서 마음으로 전해져 서로 뜻이 통함

인산인해(人山人海) '사람이 산을 이루고 바다를 이루었다'는 뜻으로, 사람이 매우 많이 모인 상태를 이르는 말

인자무적(仁者無敵) '어진 사람에게는 세상에 적이 없다'는 뜻

인지상정(人之常情) 사람이면 누구나 가지는 자연스러운 감정이나 생각

일거양득(一擧兩得) 한 가지 일을 해서 두 가지 이익을 얻음

일구월심(日久月深) '날이 오래고 달이 깊어 간다'는 뜻으로, 세월이 흐를수록 더함을 이르는 말

일벌백계(一罰百戒) '한 사람을 벌주어 백 사람을 경계한다'는 뜻으로, 한 사람을 엄하게 처벌해 다른 사람들에게 경계심을 부여함을 이르는 말

일사불란(一絲不亂) '한 올의 실도 엉키지 않는다'는 뜻으로, 질서 정연해 조금도 흐트러지지 않음을 이르는 말

일석이조(一石二鳥) '돌 한 개를 던져 새 두 마리를 잡는다'는 뜻으로, 한 가지 일로 두 가지 이익을 얻음을 이르는 말

일심동체(一心同體) '한마음 한 몸'이라는 뜻으로, 서로 굳게 결합한 모습

일장춘몽(一場春夢) '한바탕의 봄꿈'이라는 뜻으로, 부질없는 일이나 쓸모없는 생각을 이르는 말

일호백낙(一呼百諾) '한 사람이 소리치면 백 사람이 이에 호응한다'는 뜻으로, 권세가 대단함을 이르는 말

입신양명(立身揚名) '몸을 세우고 이름을 날린다'는 뜻으로, 사회적으로 출세함을 이르는 말

ㅈ

자격지심(自激之心) 자기가 한 일에 대해 부족하다고 생각하는 것

자승자박(自繩自縛) '자신이 만든 줄로 자신을 묶는다'는 뜻으로, 자기가 한 말과 행동 때문에 어려움을 겪는 것을 비유적으로 이르는 말

작심삼일(作心三日) '굳게 먹은 마음이 사흘을 가지 못한다'는 뜻으로, 결심이 나약함을 이르는 말

전광석화(電光石火) 지극히 짧은 순간이나 매우 빠른 동작을 이르는 말

전심전력(全心全力) 온 마음과 온 힘

전전반측(輾轉反側) '수레바퀴가 계속 돌며 옆으로 뒤척인다'는 뜻으로, 근심이 많아 잠을 이루지 못함

전화위복(轉禍爲福) 좋지 않은 일이 바뀌어 오히려 좋은 일이 됨

절차탁마(切磋琢磨) '갈고 닦아서 빛을 낸다'는 뜻으로, 학문을 닦고 덕행을 수양하는 것을 이르는 말

절치부심(切齒腐心) '이를 갈고 마음을 썩인다'는 뜻으로, 몹시 슬프고 분한 상태를 이르는 말

점입가경(漸入佳境) 시간이 지날수록 하는 짓이나 겉모습이 우습고 거슬리는 것을 비유적으로 이르는 말

조삼모사(朝三暮四) '아침에 세 개, 저녁에 네 개'라는 뜻으로, 영악하게 남을 속여 놀릴 때 쓰는 말

조실부모(早失父母) 어려서 부모를 여의는 것

좌불안석(坐不安席) 불안하거나 걱정스러워서 가만히 앉아 있지 못하고 안절부절못하는 모양

좌정관천(坐井觀天) '우물 속에 앉아 하늘을 본다'는 뜻으로, 견문이 좁고 세상 물정을 모름을 이르는 말

주객전도(主客顚倒) '주인과 손님의 입장이 바뀐다'는 뜻으로, 서로의 입장이나 일의 차례가 뒤바뀜을 이르는 말

주경야독(晝耕夜讀) '낮에는 농사짓고 밤에는 글을 읽는다'는 뜻으로, 어려운 여건 속에서도 꿋꿋이 공부함을 이르는 말

주마가편(走馬加鞭) '달리는 말에 채찍질한다'는 뜻으로, 열심히 하는 사람을 더 잘하라고 격려하고 권장함을 이르는 말

주마간산(走馬看山) '말을 타고 달리며 산천을 본다'는 뜻으로, 자세히 살피지 않고 대충대충 보고 지나감을 이르는 말

죽마고우(竹馬故友) '죽마를 타고 놀던 친구'라는 뜻으로, 어릴 때부터 함께한 친구를 이르는 말

중구난방(衆口難防) '여러 사람의 입을 막기는 어

렵다'는 뜻으로, 많은 사람이 자신의 의견만 내세워 통일되지 않는 상황을 이르는 말

중언부언(重言復言) '거듭 말하고 또다시 말한다'는 뜻으로, 같은 말을 반복함

지록위마(指鹿爲馬) '사슴을 가리켜 말이라 한다'는 뜻으로, 윗사람을 농락하고 권세를 함부로 부리는 것을 이르는 말

지피지기(知彼知己) 『손자』에 나오는 말로, 싸움이나 경쟁에서 이기려면 상대와 나의 상황을 모두 알아야 함

질풍노도(疾風怒濤) '거친 바람과 화난 파도'라는 뜻으로, 청소년기를 비유할 때 주로 쓰이는 말

ㅊ

천고마비(天高馬肥) '하늘은 높고 말은 살찐다'는 뜻으로, 가을은 날씨가 매우 좋은 계절임을 이르는 말

천리안(千里眼) 천 리 밖을 내다볼 수 있다는 눈

천인공노(天人共怒) '하늘과 사람이 함께 화를 낸다'는 뜻으로, 누구나 분노할 만큼 증오스럽거나 용서 할 수 없음을 이르는 말

천재일우(千載一遇) '천 년에 한 번 만난다'는 뜻으로, 좀처럼 잡기 힘든 좋은 기회를 이르는 말

철면피(鐵面皮) '쇠로 만든 낯가죽'이라는 뜻으로, 유달리 뻔뻔한 사람을 이르는 말

청운만리(靑雲萬里) 입신출세하려는 큰 꿈을 비유하는 말

청출어람(靑出於藍) '쪽에서 뽑아낸 푸른 물감이 쪽보다 푸르다'는 뜻으로, 스승보다 뛰어난 제자를 비유적으로 이르는 말

초지일관(初志一貫) 처음에 세운 뜻을 한결같이 밀고 나가는 강한 의지

촌철살인(寸鐵殺人) '조그마한 쇠붙이로 살인한다'는 뜻으로, 간단한 말로 상대편의 급소를 찌르거나 감동시킴을 이르는 말

추풍낙엽(秋風落葉) '가을바람에 떨어지는 낙엽'이라는 뜻으로, 세력이나 형세 등이 갑자기 기울거나 약해짐을 비유적으로 이르는 말

측은지심(惻隱之心) 인의예지에서 비롯되며, 남을 가엾이 여기는 마음

침소봉대(針小棒大) '바늘만 한 것을 보고 몽둥이처럼 크다고 한다'는 뜻으로, 작은 일을 크게 부풀림

ㅋ

쾌도난마(快刀亂麻) '잘 드는 칼로 엉킨 삼 가닥을 자른다'는 뜻으로, 복잡한 사안을 명쾌하게 처리함을 이르는 말

ㅌ

타산지석(他山之石) 다른 사람의 사소한 언행이나 실수라도 나에게 커다란 교훈이나 도움이 될 수 있음

탁상공론(卓上空論) '책상 위에만 있는 내실 없는

말'이라는 뜻으로, 현실적으로 불가능하면서 그럴 듯한 말로 떠들어대는 것을 이르는 말

ㅍ

파안대소(破顏大笑) 매우 즐거운 표정으로 크게 웃는 모습

파죽지세(破竹之勢) '대를 쪼개는 기세'라는 뜻으로, 거칠 것 없이 맹렬히 적을 치는 기세를 이르는 말

팔방미인(八方美人) 여러 방면에 재주가 많고 뛰어난 사람

표리부동(表裏不同) '겉과 속이 같지 않다'는 뜻으로, 속마음과 다르게 말하거나 행동하는 것을 이르는 말

풍전등화(風前燈火) '바람 앞에 등불'이라는 뜻으로, 매우 위태로운 상태를 이르는 말

필부지용(匹夫之勇) 깊은 생각 없이 혈기만 믿고 날뛰는 행동

ㅎ

학수고대(鶴首苦待) '학이 머리를 길게 빼고 고되게 기다린다'는 뜻으로, 무언가를 간절히 기다림

한마지로(汗馬之勞) '전장에서 말을 달려 힘을 다해 싸운 공로'라는 뜻으로, 전쟁이나 중요한 일에서 힘써 노력한 것을 이르는 말

한우충동(汗牛充棟) '수레에 실으면 소가 땀을 흘리고 집에 쌓으면 대들보까지 닿는다'는 뜻으로, 책이 매우 많은 것을 이르는 말

함흥차사(咸興差使) 심부름 간 사람이 오지 않거나 회신이 늦는 경우를 이르는 말

형설지공(螢雪之功) '반딧불과 눈빛으로 공부해 이룬 공'이라는 뜻으로, 고생하면서도 부지런하게 공부하는 자세를 이르는 말

호가호위(狐假虎威) '여우가 호랑이의 위세를 빌린다'는 뜻으로, 남의 권세를 빌려 허세를 부리는 것을 이르는 말

호사다마(好事多魔) '좋은 일에는 탈이 많다'는 뜻으로, 좋은 일이 실현되기 위해서는 많은 풍파를 겪어야 함

호연지기(浩然之氣) 세상에 꺼릴 것이 없는 크고 올바른 기운

호접지몽(胡蝶之夢) '나비가 된 꿈'이라는 뜻으로, 물아일체의 경지나 인생의 덧없음을 이르는 말

혹세무민(惑世誣民) 세상을 어지럽히고 백성의 마음을 홀려 속이는 것

화룡점정(畵龍點睛) '용을 그린 다음 마지막으로 눈동자를 그린다'는 뜻으로, 마지막으로 가장 중요한 부분을 마무리함을 비유적으로 이르는 말

환골탈태(換骨奪胎) '뼈를 바꾸고 태를 빼낸다'는 뜻으로, 사람이 변해 완전히 딴사람처럼 됨을 이르는 말

후안무치(厚顏無恥) 얼굴이 두꺼워 부끄러움을 모름

흥망성쇠(興亡盛衰) 나라나 집안 등이 융성했다가 망하고 다시 흥하는 것처럼 계속 순환하고 반복됨을 이르는 말